L'ÉVOLUTION DE LA VIE
ET DE LA FORME

Copyright © 2018

Éditions Unicursal Publishers
www.unicursalpub.com

ISBN 978-2-89806-005-2

Première Édition, Mabon 2018

Tous droits réservés pour tous les pays.

Annie Besant

L'Évolution de la Vie et de la Forme

Quatre conférences prononcées à l'occasion
du 23ᵉ anniversaire de la Société théosophique.
1917

Classiques Théosophiques

INTRODUCTION

C'est présumer beaucoup que d'entreprendre de traduire ces conférences, toutes pénétrées de chaleur et de vie, de transporter dans une langue étrangère un écho affaibli de cette parole où vibre la profonde harmonie d'une pensée puissante et d'un cœur généreux : non sans regrets de n'avoir pu mieux faire, nous offrons cet essai, avec l'assurance d'avoir fait de notre mieux.

Peut-être semblerait-il plus présomptueux encore d'avoir ajouté au texte quelques notes et au premier chapitre un avant-propos; qu'il nous soit permis d'en donner la raison.

Ces conférences furent prononcées, à Adyar, au 23e anniversaire de la Société Théosophique : les auditeurs, des Hindous pour la plupart gradués des Universités britanniques ou aspirant à l'être, étaient familiarisés avec le symbolisme religieux de leur race et sa terminologie philosophique; de là l'introduction de quelques éclaircissements qui, pour le lecteur français, deviennent indispensables.

Un certain nombre de notes dérivent d'une intention différente : tandis que le vaste plan de ces quatre conférences se déroulait devant nos yeux, — à mesure que nous pénétrions dans le clair-obscur de cette majestueuse doctrine (claire dans la mesure où elle éveille en nous d'intimes certitudes, obscure toutefois aussi dans la mesure où la raison l'accueille comme une féconde hypothèse, mais demeurant aveugle aux clartés qui illuminent l'intuition, demande qu'elle lui soit confirmée), nous nous sentions mené le long d'une large et très sûre avenue vers le Savoir — but commun où tendent toutes les voies de la connaissance humaine, les Sciences, les Religions, les Philosophies, comme les sentiers qui s'attardent aux flancs de la montagne convergent tous vers son sommet. Il est maintes fois advenu qu'une éclaircie nous laissait apercevoir les unes ou les autres de ces voies, proche de la nôtre au point de se confondre avec elle, et, tout en suivant pas à pas notre guide, nous avons cru conforme à sa pensée d'envoyer au passage un signe à ceux qui les suivent, pour leur montrer du doigt notre orientation commune et notre commun but.

AVANT-PROPOS
À LA PREMIÈRE CONFÉRENCE

Cette conférence se divise naturellement en deux parties.

Dans la première, l'auteur fait un parallèle de la méthode objective et de la méthode subjective, des procédés d'investigation de la science moderne — observation et expérimentation, — et de l'expérience interne pratiquée par les adeptes de la Science antique.

La seconde partie est une esquisse des données les plus grandioses dues à cette méthode de recherches, l'évolution d'un univers.

Le lien logique entre ces deux parties est l'énoncé d'un petit nombre de principes, universellement admis, dont la conclusion tend à démontrer dans la culture du Moi, dans le développement intégral des pouvoirs latents dans l'homme, dans la pratique de la Yoga en un mot la condition même de toute compréhension réelle.

Il nous a semblé utile de dégager ces principes et d'en exposer l'enchaînement étroit pour permettre au lecteur de s'orienter plus aisément.

1° Par essence, l'Homme est de nature identique à Dieu.

2° Le Moi humain est triple comme le MOI divin (l'homme manifeste Intelligence, Sensibilité et Activité dans la connaissance du Vrai, le sentiment du Beau et la volonté du Bien, les trois qualités portées au suprême degré dans la Trinité divine).

3° L'homme évolue de la triplicité imparfaite vers la parfaite triplicité, le stage divin.

4° Tout lui demeure incompréhensible au stage d'imperfection.

5° Au stage suprême, au terme de l'évolution, il atteindra la compréhension totale.

6° La pratique de la Yoga permet de hâter ce résultat.

PREMIÈRE CONFÉRENCE

SCIENCE ANTIQUE ET SCIENCE MODERNE

FRÈRES : Le sujet dont je vais vous entretenir ce matin et les trois matinées qui suivront est un sujet d'une complexité, d'une difficulté considérable. Je ne m'excuse pas de sa difficulté. Quand nous nous réunissons ici pour notre assemblée d'anniversaire, nous nous réunissons en qualité d'étudiants et non pas dans des dispositions d'esprit superficielles, comme des gens du monde. Nous nous efforçons de nous préparer par l'étude à l'échange de pensées qui a lieu dans ces réunions ; le sujet peut être difficile, parfois il est impossible de le rendre clair et intelligible sans employer certains termes techniques, mais les termes techniques sont pour l'étudiant, à cause de leur précision même, les plus faciles en somme à comprendre : aussi, puisque nous sommes, — en grande majorité, du moins, — des étudiants, moi qui vous parle et vous qui m'écoutez, nous pouvons nous contenter de traiter notre sujet d'une manière technique en utilisant notre terminologie spéciale.

À grands traits, voici mon plan : je me propose de mettre sous vos yeux une conception intelligible de l'évolution en la prenant sous ses deux aspects qui sont l'évolution de la vie et le développement des formes. Je commencerai par vous donner une esquisse des méthodes des « Sciences ancienne et moderne », par vous montrer les orientations vers lesquelles chacune d'elles a dirigé et dirige ses efforts et l'union qui finira, nous l'espérons, par se produire entre elles ; et quelle entreprise renferme un meilleur présage pour le bien du monde entier, un plus heureux augure en, faveur des relations des différentes races de l'Humanité que d'essayer de mettre d'accord, sur le plan de l'intelligence, la Science de l'antiquité et celle des temps modernes, la Science de l'Orient et celle de l'Occident, et, en consacrant leur union, de réconcilier les nations actuellement divisées, de faire une réalité objective de cette « Fraternité humaine » que nous rêvons ?

Après avoir ainsi traité d'une manière large et générale de la « Science ancienne et moderne » qui forme mon sujet de ce matin, je continuerai demain en vous parlant des « Fonctions des Dieux », par quoi j'entends les activités de ce côté invisible de la Nature, desquelles dépend le côté visible tout entier. Que nous employions ici le nom « Dévas » pour désigner ces Intelligences spirituelles développées, ou bien, qu'avec les enfants de l'Islam, avec les Hébreux et les Chrétiens, nous parlions d'« anges » et d'« archanges », le nom importe peu ; la conception elle-même est commune à toutes les religions humaines. Nous étudierons donc leurs fonctions dans l'Univers et nous essaierons de comprendre comment ils agissent en qualité de Ministres de la Volonté divine.

Nous poursuivrons alors en traitant de « l'Évolution de la Vie », sous-jacente à l'évolution des formes, puis nous étudierons en dernier lieu « l'Évolution des Formes » ; nous verrons comme quoi cette évolution renferme la promesse de la perfection finale, comment son opération tend à une fin parfaite, combien l'ouvrage de Dieu surpasse tout ce que nous pouvons imaginer de meilleur. Voilà notre besogne esquissée. Nous allons commencer immédiatement avec la première partie du sujet : « La Science ancienne et moderne. »

Aux temps anciens, — ces temps vers lesquels notre pensée, dans ce pays, aime tant à se reporter avec respect et avec orgueil, — ici comme dans toute autre antique contrée, Religion et Science étaient étroitement unies. Il n'y avait peint de discorde entre l'intellect et l'esprit. Vous pouvez diriger vos recherches vers celle que vous voudrez des anciennes nations du monde ; vous pouvez parcourir la Chaldée tout entière ; vous pouvez étudier les restes de l'ancienne Égypte ; vous pouvez traverser la Perse et fouiller ses monuments ; vous pouvez franchir l'Atlantique, exhumer les antiques cités ensevelies d'Amérique qui étaient déjà perdues avant que les Aztèques eussent constitué le puissant empire qui tomba sous les coups des Espagnols ; vous pouvez aller en Chine, et, dans les profondeurs les plus reculées de ce pays à peu près inconnu, rechercher ce qui subsiste des temps anciens ; ou même, sans franchir les limites de votre propre pays, vous pouvez prendre cette littérature qui est notre Orgueil, les œuvres puissantes des Rishis du passé ; et partout l'antiquité parle une même langue. La Religion révèle l'esprit, la vérité spirituelle qui est Une ; l'intelligence étudie cette même vérité dans ses innombrables manifestations et la Science, qui est son ouvrage, la Science qui scrute les phénomènes, — simples images d'aspects du Divin, — étant la compagne, la sœur de la Religion, la discorde entre elles est contre nature et fatale au progrès ! — Telle, était l'ancienne manière de voir ; mais, si nous passons à notre propre siècle, nous rencontrons un phénomène tout nouveau : la Religion d'une part remplie de défiance à l'égard de la Science toujours

I. — SCIENCE ANTIQUE ET SCIENCE MODERNE

en marche vers de nouveaux progrès; d'autre part la Science portée à accueillir les revendications religieuses avec une suffisance pleine de dédain. — D'où provint ce divorce ? Pourquoi cette dissension entre deux des grands auxiliaires de l'évolution humaine ? Il n'en faut pas chercher bien loin la raison. Dans le monde occidental, la science des temps anciens, « la Science antique » disparut sous le flot des invasions barbares. Submergée une première fois sous les vastes remous produits par la chute de l'Empire romain, elle sombra complètement plus tard dans le naufrage du même Empire qui avait été reconstitué avec Constantinople pour centre; débordant de l'Est et du Nord, les hordes envahissantes balayèrent l'Europe, apportant l'ignorance à la suite de la domination barbare; alors la nuit descendit sur toute connaissance et d'épaisses ténèbres enveloppèrent les contrées qui devaient être le berceau d'une civilisation nouvelle. Quand la Science, soleil levant, vint éclairer de nouveau le monde occidental, elle apparut sous une forme qui était étrangère, non, plus qu'étrangère, qui était hostile à la religion dominante de l'époque; la Science nouvelle venait des enfants de l'Islam, elle provenait des races qui reconnaissaient en Mahomet leur prophète. Les premiers qui enseignèrent à l'Europe la Science moderne arrivaient en effet des écoles musulmanes d'Arabie. Il est vrai que ceux-ci, par leur hérédité intellectuelle, étaient les descendants de la pensée grecque ; ils s'inspiraient de l'école de Platon à travers les néoplatoniciens ; ils reproduisaient les idées de Porphyre, de Ptolémée et d'autres penseurs grecs et égyptiens, néoplatoniciens et même gnostiques, mais ils les présentaient sous la forme de la pensée arabe. Aussi, comme elle faisait son chemin en Espagne à la suite des Maures conquérants, comme elle accompagnait l'invasion musulmane qui venait arracher la Péninsule méridionale à la domination chrétienne de la monarchie espagnole, l'aspect sous lequel la Science apparut tout d'abord aux chrétiens fut un aspect hostile ; elle vint comme un ennemi envahisseur et non comme une puissance lumineuse. De là naquit le conflit ; il se trouva, dans le sein même de la puissante Église romaine, quelques hommes que les connaissances nouvelles attiraient irrésistiblement, et qui accueillirent avec joie la Science et les dons qu'elle leur apportait. Ces hommes furent regardés avec défiance, — que dis-je, avec défiance ? Avec une haine qui éclata dans la plus âpre persécution.

Lisez l'histoire de Roger Bacon[1], ce moine prodigieux ; voyez Copernic sur son lit de mort, au moment où ses yeux vont se fermer et où l'on apporte son œu-

---

1 Voir *Histoire de la Philosophie* de P. Janet et G. Séailles, p. 1003-1004.

vre immortelle devant lui qui, par crainte du bûcher, en a différé la publication ; songez au Campo del Fiori, à Rome, voyez le bûcher où fut brûlé vif cet homme admirable qui, mis à mort par son siècle, vit éternellement pour les siècles à venir, Giordano Bruno[2] ; écoutez Galilée, abjurant, les lèvres tremblantes, la vérité qu'il connaît, pour accepter l'erreur qu'il renie ; qui peut suivre cette voie douloureuse où chaque pas évoque des souvenirs amers de sang et de feu, sans comprendre pourquoi la Science est hostile à la Religion, sans reconnaître avec honte et avec douleur que cette hostilité a pour cause et pour justification les cruautés commises par la Religion envers la Science, alors que la Science était jeune et faible encore ? Tous ceux qui, parmi nous, tiennent parti pour la Religion, doivent reconnaître que nous recueillons aujourd'hui les fruits amers de nos propres erreurs passées et que c'est une juste loi qui nous oppose les difficultés et les obstacles des temps modernes. Car la Science vécut et se développa malgré tout ; elle se développa, le glaive à la main ; elle eut à lutter pour chaque pouce du terrain qu'elle occupa sans être jamais à l'abri du bûcher et de la prison, qu'autant qu'elle pouvait s'en préserver elle-même. C'est pourquoi elle rechercha tout ce qui, dans

---

2   *Ibid.*, p. 1009.

la nature, pouvait lui servir d'arme contre l'ennemi qui l'attaquait, elle accueillit avec empressement tout ce qui paraissait démontrer dans le matérialisme la vraie philosophie de la vie. Si nous nous reportons de vingt-cinq ans en arrière, au temps de la jeunesse de quelques-uns d'entre nous, nous constaterons que l'ombre du matérialisme pesait alors sur la Science occidentale, qu'il y avait une tendance scientifique grandissante à « voir dans la matière la promesse et la potentialité de toutes formes de vie ». Vous vous rappelez ces paroles fameuses du professeur Tyndall qui n'était certes pas matérialiste dans sa pensée cependant, — un homme religieux plutôt par ses aspirations, — mais qui était presque poussé par le désespoir à se prononcer en faveur de la Science et à repousser les revendications de la Religion, parce qu'au nombre de celles-ci se trouvait le droit de bâillonner, le refus au penseur d'exprimer honnêtement sa pensée. Mais la situation change de plus en plus; à mesure que la Religion devient plus libérale et plus rationnelle, la Science se montre moins matérialiste et moins agressive; nous verrons bientôt en effet que les déclarations les plus récentes de la Science moderne, — je ne parle pas de ce dont vous pouvez juger d'après vos manuels, car, au milieu de la production débordante de la pensée occidentale, ils sont l'expression d'une science démodée, je veux parler de la science des maîtres de la pensée, des chefs du camp scientifique, — nous verrons qu'elles approchent de plus en plus du terrain où la Science pourra un jour reconnaître dans la Religion un auxiliaire et non plus un ennemi. Voici un fait probant à cet égard ; du haut de cette même chaire où Tyndall avait prononcé sa fameuse phrase, — que « dans la matière, il voyait la promesse et la potentialité de toutes formes de vie », son successeur, sir William Crookes (un membre de notre Société Théosophique), déclarait, en renversant la proposition de son prédécesseur : « Dans la vie, je vois la promesse et la potentialité de toutes formes de matière. »

Telle est la transformation accomplie. Et maintenant, passons au détail de notre étude.

La différence fondamentale entre la Science d'autrefois et celle d'aujourd'hui, la voici : la Science antique étudiait le monde en se plaçant au point de vue de la vie qui évolue[3], tandis que la Science moderne étudie le monde en observant les formes au travers desquelles la vie se manifeste ; la première étudie la vie et ne considère dans les formes que les expressions de la vie ; la seconde étudie les formes et cherche à découvrir par le procédé de l'induction s'il existe un principe

---

3 Son domaine constituerait une Biologie transcendantale, par rapport à la moderne Biologie !

sous-jacent, *une substance par quoi la multiplicité des formes puisse être interprétée.* La première travaille de haut en bas, la seconde de bas en haut, et ce fait même nous présage qu'il se trouvera un point de rencontre où elles se rejoindront pour marcher ensuite la main dans la main.

Toutefois cette différence fondamentale entraîne des conséquences très importantes. Si nous nous proposons d'aborder la connaissance du monde par l'étude des formes, notre étude sera d'une complexité presque sans limites. Prenons un arbre pour exemple ; un tronc unique transmet et distribue la vie, une multitude de feuilles forment l'expression dernière de cette vie (c'est l'image de l'arbre de vie, le grand Ashvattha, cet arbre dont nous avons tous entendu parler, dont les racines plongent dans le Ciel et dont les branches se déploient sur la surface de la terre). Si nous commençons notre étude par le tronc, — le tronc de vie, — nous avons une unité de plan et nous pouvons saisir la cause des différences de forme ; mais, si nous débutons par l'étude des feuilles, il nous faudra examiner ces feuilles une à une, tenir compte de toutes les différences de contour, noter et étudier avec soin les moindres dissemblances de forme. La Science d'aujourd'hui étudie les feuilles, la Science d'autrefois étudiait le tronc, c'est là la différence fondamentale.

I. — SCIENCE ANTIQUE ET SCIENCE MODERNE 19

Nous en trouverons une seconde dans la diversité de leurs méthodes respectives. Quelle est la méthode d'investigation de la Science moderne? — L'homme de Science doit posséder des facultés de claire observation, un jugement pénétrant, une grande habileté à rapprocher les semblables et à discerner les différences, mais comme son champ d'études embrasse à la fois l'infiniment grand et l'infiniment petit, pour suppléer à l'insuffisance de ses sens limités, il est obligé de recourir à des instruments et appareils d'une exquise délicatesse ; on a même été jusqu'à dire que les progrès de la Science dépendent du perfectionnement des appareils qu'elle emploie. Les savants imagineront donc une balance plus sensible, un procédé plus délicat d'ajustement, appareil après appareil, jusqu'à ce que la perfection semble à peu près atteinte : — ainsi l'homme de Science moderne qui poursuit une recherche ne peut se passer du vaste outillage des instruments appropriés à ses études, car l'étendue des observations qu'il fera sur les formes dont il s'occupe est en proportion de la délicatesse de ces instruments [4].

---

4 Voir entre autres Dr MIQUEL, *Manuel d'analyse bactériologique des eaux*. — « ... Il est vrai que ce travail demandera du temps, de la patience, un laboratoire bien installé, quelques mois d'un travail journalier et assidu, mais ce n'est d'ailleurs qu'à ce prix qu'on arrive dans n'importe quelle branche de sciences à présenter une œuvre sortable ! »

Au contraire l'homme de Science d'autrefois n'a que faire d'instruments ; il n'étudie pas l'évolution des formes ; — c'est la vie et non les formes qu'il considère et, pour une étude pareille, il faut d'abord qu'il fasse évoluer son être, la vie qui est en lui-même, car la vie seule peut mesurer la vie, car la vie seule peut répondre aux vibrations de ce qui vit. Son ouvrage consiste à se développer lui-même, à extraire des abîmes de sa propre nature les pouvoirs divins qu'ils recèlent, non pas dans les sens, mais dans le Soi. Ces pouvoirs sont pour lui l'unique moyen de poursuivre ses investigations, car, dans la mesure seulement où il aura développé en lui la Divinité intérieure, il deviendra capable de connaître et de mesurer la Divinité au-dehors de lui-même, et ce qui rend cette évolution possible, c'est que, dans leur essence, Dieu et l'homme sont de nature identique. Cette déclaration semble aventureuse et ce n'est pourtant que la vérité fondamentale de toutes les religions. Est-il besoin en effet que je vous cite la fameuse formule : « Tu es Cela » ? — faut-il que je vous rappelle cette assertion équivalente, tirée des écritures hébraïques et acceptée du monde chrétien tout entier : « Dieu créa l'homme à Son image. Il le créa à l'Image de Dieu » ? L'enseignement est identique de part et d'autre : toutes les grandes vérités d'ailleurs se retrouvent ainsi, identiques, dans toutes les grandes religions ; mais quelle est la signification de cette formule ? Dieu est manifesté dans Son Univers. Si vous voulez comprendre Son œuvre, vous devez développer le Dieu en vous, sinon Il restera pour jamais voilé à vos yeux[5]. Il est inaccessible à la vision des yeux, la vision de l'intellect est elle-même impuissante à saisir cette Forme que l'intelligence ne saurait atteindre ; mais, quand le Soi qui est Dieu sera développé en vous, le Soi qui est Dieu au-dehors deviendra manifeste pour vous dans la plénitude de gloire de sa vie. Tel était jadis le point de départ. Aussi l'homme qui autrefois voulait atteindre à la Science avait d'abord à se rendre Divin ; il lui fallait être un saint, avant qu'il pût être un sage, et nul ne pouvait être sage avant d'être pur ; comment en effet des yeux impurs verraient-ils l'Être pur ? — C'est donc là la caractéristique de l'homme de Science d'autrefois : il était développé intérieurement avant de pouvoir être instruit extérieurement.

À l'homme de Science moderne il n'est pas imposé de conditions semblables. Sans doute il doit exercer

---

[5]   Voir dans *l'Ornement des Noces spirituelles de Ruysbroeck l'Admirable*, traduit par M. MAETERLINCK, page xx dans l'Introduction : « Il faut d'abord rendre l'organe de la vision analogue et semblable à l'objet qu'il doit contempler. Jamais l'œil n'eût aperçu le soleil, s'il n'avait d'abord pris la forme du soleil ; de même l'âme ne saurait voir la Beauté, si d'abord elle ne devenait belle elle-même, et tout homme doit commencer par se rendre beau et divin pour obtenir la vue du Beau et de la Divinité » (PLOTIN).

un contrôle sur lui-même et mener une vie régulière, car, s'il s'abandonnait au déchaînement de ses sens, son intelligence en serait bientôt obscurcie. Il lui faut une faculté d'observation pénétrante, un jugement vigoureux et bien équilibré, une patience à toute épreuve, une infatigable ingéniosité, une claire perception des ressemblances et des différences. Pour être éminent, il doit posséder toutes ces facultés qui comptent parmi les plus nobles de l'intelligence, mais tout ce qu'il demande à la Religion, c'est de le laisser en paix. Jadis la Religion ouvrait à la Science sa voie, aujourd'hui, la Science ne lui demande que de rester de son côté et c'est là ce qui rend notre tâche difficile. Nous avons à montrer que la vie ne peut être comprise, si l'étudiant ne vit ce qu'il recherche, que la connaissance même des formes demeure très imparfaite tant que la vie qu'elles manifestent n'a pas été explorée et partiellement comprise. Cette différence de méthode est fondamentale et nous en retrouverons les conséquences d'un bout à l'autre de notre étude ; elle nous fera comprendre la dissemblance des résultats obtenus.

Essayons maintenant de saisir plus clairement pourquoi le développement du Soi était indiqué à l'homme de Science antique comme le premier pas

I. — SCIENCE ANTIQUE ET SCIENCE MODERNE

vers la connaissance véritable ou Sagesse[6]. Qu'est-ce que la vie ou conscience, — car les deux termes sont synonymes ? C'est la faculté de répondre aux vibrations. L'Univers tout entier est rempli des vibrations d'*Ishvara* ou Dieu qui soutient toutes choses et les fait mouvoir. La conscience est la faculté en nous de répondre à ces vibrations et l'évolution est le développement de cette faculté sans cesse accrue ; toutes les facultés existent latentes en nous comme le chêne existe en puissance dans le gland, mais le processus de l'évolution peut seul amener le germe à poindre hors de la semence. Dans l'Éternité, dans l'Éternel Présent, tout coexiste, tout est parfait : il n'y a succession, développement d'un objet après l'autre que dans le Temps.

— Dans le Point immuable, tout est présent ; l'Espace n'est que le champ où se déroule l'innombrable série des causes et des effets. Le Temps et l'Espace sont donc les illusions fondamentales, mais aussi les conditions premières de la pensée. Gardez, je vous en prie, cette

---

6   Comparer ce que dit M. Maeterlinck dans l'ouvrage précité (Introd., p. V) : « ... il s'agit ici de la plus exacte des Sciences. Il s'agit de parcourir les caps les plus âpres et les plus inhabitables du divin « Connais-toi toi-même » et le soleil de minuit règne sur la mer houleuse où la psychologie de l'homme se mêle à la psychologie de Dieu. Il importe de s'en souvenir sans cesse ; il s'agit ici d'une Science très profonde et il ne s'agit pas d'un songe... »

définition de la conscience présente à votre esprit, car elle préside à toute la suite de notre étude. Le Soi dans l'homme, étant à l'image de Dieu[7], est triple comme le Soi divin lui-même ; il n'est besoin de m'arrêter à discuter cette doctrine ; vous l'avez apprise dans cette puissante littérature qui sert de base à toutes les philosophies indoues. — Que vous parliez un langage abstrait et que vous disiez avec l'*Upanishad* que Brahman est triple ; que vous appeliez le Soi divin : *Sat-chit-ânanda* ou que, laissant de côté les termes philosophiques abstraits, vous disiez qu'Il est *Ishvara* et se manifeste dans la Trimoûrti en : Mahâdéva, Vishnou et Brahmâ..., peu importe ! Que vous l'exprimiez sous une forme abstraite ou concrète, l'idée fondamentale est la même : *le Soi divin est triple dans ses manifestations*[8], et c'est pourquoi toutes les grandes religions représentent Dieu comme une Trinité. S'il n'en était point ainsi, les relations entre Dieu et

---

7 « Ce qui est en bas comme ce qui est en haut, ce qui est en haut comme ce qui est en bas » (HERMÈS TRISMÉGISTE).

8 Philosophie védantine ou moderne, christianisme ou brahmanisme, l'accord est parfait sur ce point :

Intelligence	Sensibilité	Activité
Brahmâ	Vishnou	Mahâdéva
Chit	Ananda	Sat
Connaissance	Amour	Existence
Saint-Esprit	Fils	Père
etc.	etc.	etc.

I. — SCIENCE ANTIQUE ET SCIENCE MODERNE 25

l'homme demeureraient un mystère éternellement incompréhensible, car l'homme, en évoluant, se révèle triple ; la réflexion humaine du Soi Divin-Trinité est donc le triple Soi qui existe dans l'homme.

À mesure que l'évolution se déroule, un à un, les aspects divins se développent. C'est l'aspect inférieur (si je puis employer un terme semblable) qui est, le premier, mis en œuvre pour la construction de l'Univers. De même, dans l'homme, c'est l'intelligence, l'aspect inférieur du Soi humain, qui, le premier, s'éveille et entre en activité. Cet aspect est la réflexion de Brahmâ, de l'Intelligence Universelle, l'énergie créatrice de qui tout procède ; et vous aussi, à mesure que vous évoluerez, vous pourrez reconnaître en vous-mêmes cette faculté créatrice de l'imagination[9] dont le pouvoir est borné, chez l'homme actuel, à façonner une matière subtile, mais qui parviendra, quand il sera parfait, à pétrir et mouler également des matières plus denses, car la faculté humaine de l'imagination est la réflexion de ce Pouvoir par lequel Dieu créa l'Univers. — Brahmâ médita et toutes les formes naquirent ; et dans le pouvoir créateur de la pensée résident toutes les formes possibles.

---

9   Voir J. IZOULET, *la Cité moderne* (Paris, F. Alcan, p. 654. « ... C'est qu'en effet il faut voir dans l'*imagination*, non pas une simple ouvrière de fictions, mais la révélation de l'*idéal*... »

L'aspect qui, dans l'homme, entre ensuite en voie d'évolution est Ananda, quand il reconnaît l'unité profonde sous l'apparente diversité. — Chit, dans l'homme, est l'intelligence qui *connaît*, qui distingue, sépare et analyse ; — Ananda est la sagesse qui *comprend* l'unité de toutes choses et qui réalise l'union, atteignant cette joie qui existe au centre, au cœur même de la vie [10].

Enfin, marquant la dernière période de l'évolution humaine, le troisième et le plus haut aspect de la Déité se développe, Sat, la Self-Existence, l'Unité qui dépasse l'union, l'Unité dont l'épanouissement dans l'homme est rendu possible parce que l'homme, dans sa nature, est un avec l'Éternel. Par cette évolution, dans les âges futurs, à travers les innombrables kalpas à venir, un *Ishvara* s'élève après l'autre, chacun d'Eux venant comme le fruit d'un Univers déjà évolué, afin de poursuivre plus puissamment l'accomplissement de la volonté de « l'ÊTRE Unique qui n'a pas de Second » et de manifester une part de cette perfection à l'ensemble de la Nature alors manifestée.

Tel est, dans ses grandes lignes, le thème de l'évolution humaine tendant vers la Divinité et c'est aux races qui se succèdent à en poursuivre l'accomplisse-

---

10   Voir Maeterlinck, *loc. cit.*, p. XXVII : « Vous allez tout à l'heure atteindre le seuil des noces spirituelles et regarder de là *l'immobile tempête de la joie*, jusqu'au cœur éternel de Dieu. »

ment. En effet, dans l'étude des grandes Races-Mères de l'humanité, — de ces Races que nous appelons : la cinquième (celle à laquelle nous appartenons), la sixième (celle qui suivra la nôtre), et la septième (celle qui achèvera ce cycle de l'évolution humaine), — nous apprenons que chacune d'elles a pour caractéristique de marquer dans l'homme le développement graduel de l'aspect divin qui lui correspond dans le cours normal de l'évolution. La cinquième développe actuellement l'aspect de Chit, l'intelligence ; l'intellect est en cours d'évolution et tous les progrès de la Science moderne, si marqués de nos jours, ne sont encore qu'une partie des fruits de cette évolution, de la croissance de cette intelligence qui envisage le monde extérieur comme le « Non-Soi », qui cherche à l'étudier et à le comprendre. Les attributs caractéristiques appartenant à l'évolution des deux Races-Mères qui suivront peuvent dès maintenant être acquis, à l'aide de méthodes spéciales, par tout individu résolu à s'imposer les sacrifices nécessaires. Ce que nous connaissons sous le nom de Yoga est précisément cette méthode qui hâte l'évolution individuelle ; avec son aide, en effet, tous les pouvoirs du Soi, ceux même qui touchent au seuil de la Divinité, peuvent être amenés à se manifester dans un homme de notre époque. Et c'est là pourquoi l'entraînement du Yoga était nécessaire au disciple de la Science antique ; il fallait qu'il développât en lui-même les trois aspects de Dieu s'il se proposait d'en comprendre les manifestations dans l'Univers qui l'environnait.

Actuellement, au stade d'évolution où nous sommes, l'esprit humain prend plus particulièrement contact avec la vie de Brahmâ ; — avec l'aspect Brahmâ de Dieu — car l'intellect humain est la réflexion de l'intelligence universelle dans le Kosmos. C'est cette vie qui, dans l'atome, est « force », c'est elle qui vivifie chaque atome, bien plus, c'est elle, nous le verrons, qui donne naissance à l'atome et qui, pendant toute la durée de la croissance de l'Univers, demeure la vie fondamentale qui conserve à ces atomes leurs propriétés de particules actives, aptes à se combiner pour composer des formes innombrables. Quand la vie de Brahmâ, l'aspect de Brahmâ est développé dans le Soi humain, l'homme devient capable — mais alors seulement — d'étudier l'action de cette vie dans les formes atomiques qu'elle emplit. Or, il est très significatif de constater que plusieurs des plus grands problèmes de la Science moderne se ramènent à celui-ci : « Quelle est la nature de l'atome [11] ? » Les savants se consultent sur ce point : l'atome est-il force ou matière ? Est-ce une parcelle infime ? Est-ce un vortex ? — Ces ques-

---

11   Voir Lord KELVIN (Sir WILLIAM THOMSON), *Conférences scientifiques et Allocutions*, traduction française, Gauthier-Villars.

tions resteront sans réponse certaine tant que l'homme n'aura pas développé en lui le pouvoir de répondre à la vie qui palpite dans l'atome, tant qu'il n'aura pas développé au plus haut point sa propre intelligence et de la sorte acquis le pouvoir de répondre, au moyen de cette intelligence, aux vibrations de la vie atomique extérieure. En résumé, nous avons défini la conscience « le pouvoir de répondre aux vibrations » ; nous avons su que l'homme, s'il prétend mesurer la vie, s'il aspire à connaître les causes profondes des phénomènes, doit développer en lui-même le pouvoir de répondre aux manifestations extérieures de cette vie ; nous avons reconnu, dans la perfection de l'intelligence humaine, — réflexion de l'aspect Brahmâ de Dieu — la seule possibilité d'atteindre la solution de ce problème si controversé par la Science moderne. — J'ai dit que ces controverses même sont significatives ; et en effet ce problème appartient à la cinquième Race Mère. Or le monde occidental est actuellement peuplé, dans une large proportion, par la cinquième sous-race de cette cinquième Race-Mère. C'est pourquoi nous le voyons porter au plus haut degré l'intelligence concrète, cette merveilleuse activité intellectuelle, ces recherches si promptes et en même temps si patientes qui viennent à bout des vastes entreprises auxquelles la Science moderne se consacre. Ce sont là autant de témoignages attestant l'exactitude de cet antique enseignement. Les sous-races se succèdent et chacune trouve son œuvre propre tracée devant elle; nous devons donc considérer comme bonne en soi l'œuvre de chaque subdivision de l'humanité; chacune d'elles doit représenter pour nous non pas une expression isolée, hostile aux autres, mais une partie de la manifestation divine, donnant son expression à la portion spéciale qu'elle était destinée à en exprimer.

Ainsi, en examinant comme nous venons de le faire le problème de la vie qui existe dans l'atome, nous trouvons qu'il faut développer l'intellect pur dans l'homme pour qu'il parvienne à la comprendre; mais, pour comprendre la vie qui revêt les formes organisées, pour comprendre les raisons mystérieuses qui ont déterminé ces formes diverses [12], il faut développer en nous-mêmes le grand aspect suivant du Soi, l'aspect de la vie omniprésente de Vishnou qui supporte le monde en qualité de soutien tout-puissant de toutes choses, la base, la fondation, la substance universelle. C'est là, et là seulement que l'on peut atteindre l'énergie qui unifie; — c'est là que toutes les subdivisions prennent

---

12   Voir JEAN IZOULET, *la Cité moderne*, p. 275 : « Mais s'il en est ainsi, pour *comprendre* la forme des êtres vivants, plantes ou bêtes, parfois si étranges pour nous, que faut-il, sinon pénétrer le mystère même de leur vie, et scruter les conditions de l'existence auxquelles les soumet le milieu où ils se plongent ? »

une racine commune; il faut que nous ayons aperçu dans le Soi cet aspect de l'énergie qui unifie pour que le problème des formes organisées dans la nature nous livre ses secrets, et cette tâche est celle de la sixième Race-Mère. Ceux donc qui veulent hâter leur évolution doivent, avec l'aide du Yoga, développer en eux-mêmes les facultés de cette Race.

Il reste enfin un plus haut problème; le plus subtil et le plus difficile de tous, le problème de la vie de l'esprit humain, le problème de l'homme dans son évolution vers la Divinité. Mais, pour en pénétrer les mystères, il faut d'abord que le Soi humain, issu du Père de toutes choses, — de l'Être Tout-Puissant qui agit tantôt comme Créateur, tantôt comme Destructeur, mais toujours (en un mot qui renferme à la fois les deux précédents) comme Régénérateur, issu de Mahâdéva, le Dieu puissant qui est Sat, Existence, — il faut, dis-je, que ce Soi humain ait développé intérieurement l'aspect de Sat, de la pure Existence, il faut qu'il soit devenu la triple Unité, un Logos, un *Ishvara*. C'est la tâche de la septième Race-Mère et, quand elle sera accomplie, alors seulement les derniers problèmes de l'esprit humain seront sans mystères à nos yeux.

Ainsi l'homme de Science, dans l'antiquité, commençait par concentrer son attention sur son Soi; sous la direction d'un Gourou qualifié, il développait en lui-même toutes ses potentialités, une à une, il s'élevait de degré en degré jusqu'au plus haut, sans cesser de rendre au Mahâgourou, au Gourou de l'Univers, le tribut de son adoration. Quand il avait achevé intérieurement l'évolution de ses pouvoirs les plus élevés, il commençait à étudier la vie, l'effusion de la vie à sa source même et non point seulement ses manifestations multiples et voilées dans les mondes inférieurs. C'est pourquoi, dans son étude, il prenait ce point de départ si haut et si ardu : « ISHAVARA se levant enveloppé dans Mâyâ ».

Qu'est-ce que *Ishvara* ? Qu'est-ce que *Mâyâ* ? C'est le premier grand problème, abordons-le avec révérence. Les philosophes de l'Inde ont répondu de diverses manières à ces questions et chacune de leurs réponses contient une part de la Vérité éternelle. *Ishvara* est ce foyer puissant, ce Centre de conscience qui existe, immuable, dans le sein de l'Existence Une ; il y a une multitude innombrable de centres de conscience semblables, dont un des vôtres, vous devez vous en souvenir, le Svâmi Subba Rao, reconnaissait dans un de ses écrits la présence au sein de l'existence Une.

Pendant la période de manifestation, *Ishvara* est tel qu'une lampe, une lumière entourée d'un écran ; enveloppé dans Mâyâ, il donne naissance à un Univers. Il est enfermé en quelque sorte dans cet Univers dont il est la lumière, mais, quand elle perce l'écran, la lumière rayonne dans toutes les directions. Quand Il accomplit la dissolution de l'Univers, Il demeure ; le Centre reste, mais la circonférence qui était décrite autour de lui disparaît. Tel est ce Centre puissant quand l'Univers s'évanouit ; *Ishvara* subsiste seul. Il maintient son Centre inébranlé, même quand Il se replonge dans l'Infini, l'Absolu, la Super-Conscience, l'Un. Nous concevrons donc *Ishvara* comme un Centre éternel de Soi-Conscience qui peut s'abîmer dans l'infini de la Super-Conscience et se limiter de nouveau à la Soi-Conscience.

Et qu'est-ce alors que Mâyâ ? Chaque Univers qui, touchant à sa fin, vient dans sa totalité se perdre en *Ishvara*, prépare Mâyâ pour l'Univers suivant. Lorsqu'un loka s'enroule comme une houle en mer et va se perdre dans le loka au-dessus de lui, toutes les formes qui existaient dans le loka englouti disparaissent, mais la conscience qui vivifiait intérieurement ces formes ne s'évanouit pas ; il subsiste une modification de conscience, une modification qui s'exprime par un pouvoir vibratoire, non point par une vibration, mais par le pouvoir de vibrer d'une façon particulière. Bien que les formes d'un loka s'anéantissent quand celui-ci s'est fondu dans le loka supérieur, parce que leur matière, se désintégrant en une matière plus subtile, disparaît elle-même, la conscience qui les vivifiait garde cependant le pouvoir de reproduire les mêmes vibrations qu'elle était susceptible de déterminer dans cette matière plus dense, oui, même après que les formes causées par ces vibrations ont disparu, faute d'une matière assez grossière pour répondre à de telles vibrations. À mesure qu'une région passe dans la suivante, ce processus se répète encore, encore et toujours, et lokas après lokas s'évanouissent, jusqu'à ce que, toutes formes s'étant dissipées, toutes vibrations s'étant éteintes, il ne reste que les modifications de conscience capables de reproduire des vibrations semblables. C'est alors qu'*Ishvara*, dont la conscience était la Conscience Unique de l'Univers, dont la vie était sa Vie Unique, *Ishvara* qui était la substance de toutes formes et à qui chaque existence séparée devait la possibilité d'être, recueillant en Soi Son univers avant de se perdre dans l'*Un*, tout ce à quoi nous donnons le nom de forme ayant disparu, il ne reste rien que le Centre de Conscience. Le pouvoir subsiste en *Ishvara* de reproduire certaines vibrations déterminées qui sont le résultat de l'évolution de Son univers, une multitude de modes vibratoires en un mot; quand Il retourne à l'Existence Une, tout ce qui est forme s'est évanoui, mais des pouvoirs latents persistent dans ces modifications subtiles, préservés dans ce Centre Invariable dans la Toute-Puissance de la Vie Une. N'est-ce là qu'un rêve ?

Il y avait jadis un grand Maître, nommé Vâsishtha. Il instruisit Râma, vous le savez, et ce qui nous reste de son enseignement renferme des allusions à quelques-uns des mystères de la vie. Si vous gardez présent à l'esprit ce que je viens de vous dire ; — si, pour ma part, j'ai réussi à éclaircir en quoi que ce soit vos idées avec l'aide maladroite de ces mots si peu adéquats qui sont tout ce que la langue humaine possède pour s'exprimer sur ces grands problèmes ; — écoutez la même pensée telle que l'exprima Sûryadeva dans ses discours sur la fin et le recommencement d'un univers. À ce que j'ai déjà dit il me suffira d'ajouter au préalable que, quand Il se lève pour former un nouvel univers, *Ishvara* projette Sa vie dans ces modifications qui semblaient disparues et que la Mâyâ, dans laquelle Il est enveloppé et circonscrit quand Il se lève, est Sa propre mémoire revivifiée qui ne peut jamais se séparer de Lui. Sous l'impulsion du Grand Souffle, Il concentre intérieurement Sa Conscience, Il la limite à la Soi-Conscience ; quand Il dirige Son attention sur le contenu de cette Soi-Conscience, les pouvoirs de celle-ci entrent en activité et c'est Mâyâ. C'est pourquoi il est écrit :

« ... Et ensuite Toi, ô Seigneur, jugeant bon (de maintenir) le règne de la nuit, fixé dans le Soi, ayant rassemblé et recueilli en Toi cet ordre de choses (cet Univers)…»

«… Aujourd'hui, Tu T'es éveillé avec un désir plein de joie d'émettre de nouveau, de manifester l'Univers en puissantes gradations (les hiérarchies d'Êtres)…» (Yoga Vâsishtha, LXXXVII, 7, 8.)

Ces nuits et ces jours sont « les Nuits et les Jours de Brahmâ », l'aspiration et l'exhalaison de l'Existence Une, et Mâyâ est cet « ordre de choses » qui, rassemblé et recueilli, demeure fixé en *Ishvara* pendant la Nuit et s'élance au-dehors aussitôt que le Jour vient et qu'*Ishvara* s'éveille. Voilà ce qu'est Mâyâ; et, si vous reprenez maintenant les définitions qu'en donnent les différentes écoles, vous verrez que celle-ci comprend et élucide chacune d'elles, qu'elle montre ce qu'on entend par « illusion », qu'elle éclaire ce qu'implique « le rêve ». L'origine première, la racine de l'Univers qui va naître est donc la projection joyeuse en manifestation de tous les pouvoirs dont *Ishvara* se souvient au moment où son attention est tournée vers Son Soi, cette mémoire suscitant un « désir » qui s'éveille dans le sein de l'Éternel. Cette pensée vous donnera la clef de maints enseignements de jadis; cette Intelligence Universelle pleine d'idées qui n'ont pas encore été

I. — SCIENCE ANTIQUE ET SCIENCE MODERNE

condensées en phénomènes, n'est autre chose que le monde des Idées de Platon, le Monde Invisible de la Kabbale hébraïque[13]; dans chacune des grandes doctrines vous retrouverez une expression de la même pensée. Si, au lieu de nous encombrer de mots comme la plupart d'entre nous le font, si, au lieu de répéter des formules qui n'apportent avec elles aucune pensée dans l'esprit de celui qui les ressasse, nous nous donnions la peine de lire les pensées cachées sous les mots, nous retrouverions la philosophie indoue dans toutes les philosophies modernes dignes de ce nom, nous découvririons les vestiges de l'Inde antique en Grèce, à Rome, en Allemagne et dans l'Angleterre de nos jours.

Quel est le stade suivant?

Le Souffle de Vie se propage; *Ishvara*, le Centre universel, enveloppé dans Mâyâ, exhale Son souffle; quand ce souffle vibrant atteint la Mâyâ environnante, Mâyâ devient Prakriti, — ou Matière, ou plutôt encore peut-être Mûlaprakriti, — « la racine de la Matière ». Quand ce souffle avec sa triple force vibratoire tombe sur cette matière, il y détermine trois modes ou « attributs » : Tamas, l'inertie ou mieux la stabilité ; Rajas, l'activité, la vigueur ; Sattva une idée difficile à rendre :

---

13   Voir FRANCK, *la Kabale*, Paris, Hachette; et KARP, *le Zohar*, Thèse de Doctorat, Paris, Alcan, 1901.

je suis portée à la traduire par Harmonie, car Sattva se trouve partout où il y a plaisir, et, sans Harmonie le plaisir ne peut exister. Tout plaisir est dû à d'harmonieuses vibrations et l'action de Sattva sur la matière est précisément d'y déterminer des vibrations harmonieuses. Ces trois qualités fondamentales de la matière (inertie, activité et harmonie) qui répondent à trois modifications principales dans la conscience d'*Ishvara*, ces trois qualités sont les trois fameux Gunas sans lesquels Prakriti ne peut se manifester; fondamentaux, essentiels et invariables, ils existent dans chaque parcelle de l'Univers manifesté, et la nature de chaque parcelle dépend précisément de leur combinaison.

Nous touchons ici au principe de la subdivision en sept; je vous dirai dans un moment pourquoi nous parlons ici d'une division septuple et non quintuple, comme vous êtes plus habitués à le faire.

Qu'est-ce qu'on entend par « la division septuple »?

Nous venons de considérer les trois Gunas prêtes à recevoir une impulsion nouvelle du Souffle de Vie. Ce Souffle provient de Brahmâ, car *Ishvara* a développé Sa triple nature dans Ses trois aspects et il se propage en sept grandes vagues. Chacune d'elles modifie la matière, elle évolue et anime celles qui la suivent. Les deux premières dépassent absolument notre compréhension, comme n'appartenant en aucune manière à notre présent stade d'évolution ; c'est pourquoi elles sont habituellement passées sous silence, et les livres sacrés ne mentionnent que les cinq qui contribuent à l'évolution de notre Univers. Ici et là, il est fait allusion aux sept, mais rarement ; vous vous rappelez peut-être les sept langues de feu par exemple et une ou deux autres allusions semblables ; mais, d'une manière générale, Prâna est désigné comme quintuple, comme la Vie dont l'évolution s'opère à travers cinq différenciations.

En tout cas à l'origine, il y a une modification de conscience qui émane d'*Ishvara en qualité de pouvoir*. Si vous vous reportez au *Vishnou Pourâna*, vous y trouverez exactement le stade que je viens de vous décrire en termes plus modernes : d'*Ishvara* Lui-même, en tant que *Brahmâ*, émane un pouvoir résultant d'une modification de Sa Conscience, et appelé un *Tanmâtra* dans le *Vishnou Pourâna ;* la traduction anglaise emploie le mot *rudiment*. Vous vous rappelez ce qui est dit des rudiments de son, de tact, de couleur, etc., tous ces rudiments sont les « tanmâtras » ; ces tanmâtras sont les pouvoirs dus aux modifications qui se produisent dans la Conscience, c'est-à-dire dans la Vie d'*Ishvara*, et sans lesquelles il n'y a pas de modifications possibles dans la matière ; la conscience d'abord, la forme ensuite.

La première grande vibration qui se propage est la vibration qui donne naissance à ce que nous appelons ici le son, tous nos termes correspondant aux manifestations les plus inférieures, c'est-à-dire physiques. La forme qu'elle amène à se manifester est *Akâsha*, le puissant élément de l'Éther — (non pas bien entendu l'éther de la science moderne qui n'est que sa représentation physique). Le tanmâtra suivant, le pouvoir provenant de la modification de conscience suivante, est alors envoyé dans cet Éther : l'*Akâsha*, gardant en soi la vibration primordiale, reçoit la seconde vibration émanée d'*Ishvara*, et celle-ci, pénétrant la matière qui l'entoure, produit la modification suivante de la matière, l'élément *Vâyu*, l'Air ; *Vâyu*, pénétré, vitalisé et enveloppé par l'*Akâsha*, reçoit d'*Ishvara* une impulsion nouvelle, le troisième tanmâtra, le troisième pouvoir résultant d'une modification de conscience. Ce tanmâtra, par son action sur *Vâyu*, produit la modification de matière qu'on appelle l'élément *Agni* ou le Feu, et cette matière-feu est pénétrée, vitalisée et enveloppée par *Vâyu* comme *Vâyu* l'est par *Akâsha* ; le même processus amène ensuite la manifestation des éléments *Apas* et *Prithivi*. Le « champ magnétique » d'un atome se trouve donc ainsi composé de tous les tanmâtras et éléments placés au-dessus de lui, Essayez de comprendre pleinement ce processus, si vous le

I. — SCIENCE ANTIQUE ET SCIENCE MODERNE   41

pouvez, bien que — je le sais — la conception en soit difficile.

En résumé, qu'est-ce qui s'est produit ? Dans la vie ou dans la conscience d'*Ishvara*, une modification s'est produite, puis manifestée en tant que pouvoir, que vibration, car tout est vibration[14] (les Sciences ancienne et moderne s'accordent à ce sujet) et l'Univers est composé de vibrations qui sont les modifications de l'effusion de la Vie divine ; ces vibrations revêtent des formes fondamentales de matière d'où procède à son tour la multiplicité des formes secondaires ! Ces modifications produites dans la matière, ces grands éléments primordiaux reçoivent le nom de *Tattvas*. Ainsi les tanmâtras sont les pouvoirs émis par le fait de modifications de conscience et dont le nom a été traduit par le terme peu adéquat de « rudiments » ; nous rencontrons ensuite des modifications de la matière, les grands Éléments, les Éléments primordiaux ou *Tattvas*. Le premier des *Tattvas* est appelé *Akâsha ;* ensuite viennent *Vâyu*, puis *Agni*, puis *Apas*, puis enfin *Prithivi* : les cinq se suivent dans l'ordre ci-dessus et la caractéristique de cette évolution est que la modi-

---

14   Lord KELVIN, *loc. cit.*, et TYNDALL, *la Chaleur, mode de mouvement*, chez Gauthier-Villars, et aussi *la Lumière*, du même. Voir aussi H. POINCARÉ, *les Théories de Maxwell et les Expériences de Hertz* (chez Naud, Paris).

fication d'un *tattva* précédent et supérieur est reproduite dans le *tattva* suivant et inférieur, le pénètre et se propage au-delà de celui-ci. Si vous vous reportez au chapitre second du *Vishnou Pourâna* et si vous relisez l'évolution des cinq *Tattvas*, vous constaterez que le mot sanscrit employé dérive d'une racine qui signifie à la fois « pénétrer » et « envelopper » et que, par ce fait, il exprime tout ensemble l'idée de « pénétration et d'expansion enveloppante ». Vous comprendrez que *la Vie centrale de chaque tattva est le tattva précédent avec son tanmâtra*; cet ensemble, plus le nouveau tanmâtra, compose la vie du *tattva* suivant et la forme extérieurement produite est le nouveau *tattva* à qui ce processus générateur donne naissance.

En quittant ce sujet sur lequel je ne peux vous donner de plus amples détails, je tiens à vous dire quelques mots du principe de division en cinq ou en sept, car il a été la source de grandes controverses entre certains de nos Pandits indous et quelques-uns de nos théosophes.

Dans l'Univers pris dans son ensemble, la vie d'*Ishvara* est septuple : au-dessus de *tattva* que nous appelons *Akâsha*, se trouve le *tattva* connu sous le nom d'*Anupâdaka* et au-dessus encore de celui-ci *Aditattva*, le premier de tous. Ces deux *Tattvas* sont de beaucoup au-delà de notre compréhension ; notre pensée

I. — SCIENCE ANTIQUE ET SCIENCE MODERNE   43

ne saurait atteindre si haut, le nombre cinq limite par conséquent ce qui concerne notre évolution et c'est pourquoi, en règle générale, vos livres d'études parlent de cinq *Tattvas* seulement dans leur exposé de l'évolution.

Et maintenant passons rapidement à ces cinq *Tattvas* pour voir comment en se modifiant eux-mêmes par agrégation, désintégration et recombinaison, ils composent des formes innombrables. La conception fondamentale à retenir est celle-ci : il y a dans l'Univers autant de sortes d'atomes différentes, caractérisées chacune par une forme distincte, qu'il y a de *Tattvas*. — Le *tattva Prithivî* de la Science antique est l'atome de la Science moderne, mais celle-ci commet l'erreur de supposer l'existence d'un seul type d'atomes, unique et fondamental. Le fait est que la Science moderne s'attache à la recherche de *Prithivî Tattva* seulement, c'est-à-dire de l'atome physique du type inférieur, et n'a même pas soupçonné jusqu'ici l'existence des quatre (ou six) types d'atomes qui se classent au-dessus de celui-ci. Ces atomes forment les régions de l'univers : tout ce qui est « physique » est tiré du *tattva Prithivî*, mais n'en est pas exclusivement composé, car chacune des six formes atomiques supérieures a sa correspondante qui en est la reproduction dans les limites mêmes de cette région physique. Les subdivisions de la région physique dues aux combinaisons du *tattva Prithivî* reproduisent en effet les caractéristiques des grandes régions qui composent l'univers. Nous avons donc ici même dans nos liquides et gaz, dans nos trois éthers et dans nos atomes les correspondants des six *Tattvas* supérieurs, mais nous les avons tous sous leur forme *Prithivî* : ils sont les modifications de *Prithivî* reproduisant sur un plan inférieur les grands éléments primordiaux. Nous pourrions les appeler *Prithivi Aditattva, Prithivi Anupâdakatattva, Prithivî Akâshatattva, Prithivî Vâyutattva, Prithivî Agnitattva, Prithivî Apastattva* et *Prithivî Prithivîtattva*.

Au-dessus de la région de *Prithivî* viennent le vaste domaine d'*Apas* avec sept subdivisions semblables d'*Apastattva* et, au-dessus de celui-ci, sept autres subdivisions dans le domaine plus élevé encore d'*Agni*. Au-dessus d'*Agni*, la même subdivision dans le domaine encore supérieur de *Vâyu* et de même ensuite dans l'*Akâsha*, puis enfin dans le domaine des deux *Tattvas* suprêmes et inconnus.

Si vous vous souvenez que toutes ces régions s'interpénètrent les unes les autres, vous aurez quelque idée de cette complexité qui donne le vertige au penseur, de la vaste complexité de l'Univers dans lequel la *vie unique* est à l'œuvre ; — encore cette complexité est-elle bien simplifiée par la méthode d'investigation

I. — SCIENCE ANTIQUE ET SCIENCE MODERNE   45

dégressive adoptée par la Science antique. En allant de la *vie* originellement simple à la multiplicité infinie des *formes*, nous arriverons à discerner l'*Unique* parmi les innombrables, à voir le Soi en toutes choses et toutes choses en Lui.

Quand un univers touche à sa fin, les *Tattvas* vont se perdre l'un dans l'autre par désintégration progressive : *Prithivî tattva* se désintègre d'abord en atomes, puis ces atomes sont eux-mêmes désorganisés et le tanmâtra qui les formait, cessant dès lors de trouver son expression faute d'une matière appropriée, cesse d'exister en tant que pouvoir et ne subsiste plus qu'en tant que modification de conscience, possibilité permanente. *Apas tattva* devient ainsi la manifestation inférieure et cesse ensuite d'exister, par la répétition du processus décrit précédemment. Chacun des *Tattvas* s'évanouit à son tour de la même façon, c'est pourquoi le *Shivâgama* prête à Mahâdéva cette sentence : « l'Univers procède des *Tattvas* ; il subsiste par le moyen des *Tattvas* ; il s'évanouit dans les *Tattvas*. » Telle est la grandiose conception du Kosmos que nous a léguée la Science antique : une *Vie* palpitant en vibrations innombrables qui imprime à la matière des formes. Sur cette donnée Pythagore fonda son système des nombres ; c'est elle qui forme la base des mathématiques et de la musique ; elle servit de fondement à la Magie, la « Grande Science » de tant de nations depuis longtemps disparues. Aujourd'hui cette Science ne survit plus, dans toute sa pureté, ailleurs que dans la « Grande Fraternité Blanche », mais il est aisé d'en trouver des vestiges dans toutes les Religions du monde et dans leurs Écritures.

Si nous considérons ensuite la Science moderne, nous passons dans une atmosphère toute différente. Ce sont des phénomènes qu'on offre ici à notre étude ; ce sont des formes qui doivent retenir notre attention. Cependant nous reconnaîtrons, en examinant de près la Science moderne, qu'elle commence à dépasser l'étude des formes ; nous constaterons que les efforts de ses hommes les plus éminents s'orientent vers la recherche de l'Unité dans la diversité.

Si je représente la Science moderne comme adonnée à l'étude des phénomènes, il n'en faudrait pas conclure que je méconnaisse ses belles conquêtes, ni que je veuille élever le moindre doute au sujet des capacités de ses leaders et du prix inestimable de l'œuvre qu'ils accomplissent pour l'humanité. Leurs conquêtes au cours de ce siècle méritent le plus profond respect, non seulement pour la « sublime patience de l'investigateur » dont William Kingdon Clifford parlait si justement, mais aussi pour l'abnégation parfaite dont beaucoup d'entre eux ont fait preuve en consacrant leur vie à la poursuite de la vérité, à l'étude minutieuse et approfondie des phénomènes de la nature afin de découvrir les secrets qu'elle recèle et de savoir ce que dissimule « le voile d'*Isis* ». Je ne dis donc pas un mot contre la science moderne, mais je vous signale ce fait que l'œuvre la plus importante de cette science consiste dans les généralisations qui lui ont été suggérées alors qu'elle s'efforçait d'atteindre la simplicité, de réduire la multiplicité à l'unité. Combien la Science s'est écartée du point de vue de l'école matérialiste, si généralement adopté il y a trente ans, et qui représentait l'univers comme composé d'un nombre indéfini d'atomes, ces atomes eux-mêmes n'étant autre chose que nos éléments chimiques !

Une assertion du Dr Ludwig Büchner[15], l'un des chefs d'école les plus fameux de la science, suffit à établir tout le chemin parcouru depuis lors. Il déclarait que l'atome de carbone restera toujours atome de carbone et a été de toute éternité un atome de carbone ; que l'atome d'hydrogène a été de toute éternité un atome d'hydrogène et demeurera tel éternellement, car les atomes avec toutes leurs propriétés sont indestructibles et par conséquent éternels !

---

15   *Force et Matière* ; Gauthier-Villars, éditeur.

Quel est l'homme de Science qui oserait aujourd'hui soutenir une pareille proposition, sachant le ridicule qu'il encourrait aux yeux de tous ses confrères ? Qui oserait encore affirmer que ces atomes ont possédé et conserveront éternellement la même nature comme on leur en a prêté jusqu'à présent la propriété ?

En fait où en est la Science en ce qui concerne l'atome ? Elle découvre dans ce qu'on appelle l'*atome* un corps composite, — un composé et non plus un élément, un simple (cette découverte est principalement due aux recherches de Sir William Crookes [16] qui possède, pour se guider dans ses investigations, une conception philosophique de l'Univers plus profonde que celle des hommes de science en général) ; elle est amenée peu à peu à reconnaître que la constitution de l'atome s'opère graduellement, que ses propriétés ne sont nullement fixes, qu'elles sont au contraire sujettes à se modifier quand les conditions extérieures varient [17]. Des recherches récentes ont démontré que, quand ils sont soumis à des températures extraordi-

---

16   Sir W. CROOKES, *la Genèse des éléments;* traduction française, Paris, Gauthier-Villars, éditeur.
17   Comparer ce que dit M. G. Bonnier au sujet du transformisme expérimental des espèces botaniques : « Des caractères considérés comme distinctifs du groupe d'espèces ou du genre auquel la plante appartient *disparaissent* ou sont remplacés par d'autres... » quand varient les conditions de milieu.

nairement basses, — températures où l'air devient liquide, où l'oxygène et l'hydrogène se solidifient, — les corps chimiques perdent les propriétés qu'on prétendait permanentes en eux. À mesure que les conditions thermiques changent, à mesure que la température à laquelle ils sont soumis tombe de plus en plus bas, l'expérience a prouvé que ces éléments chimiques perdent une à une leurs « éternelles » (?) propriétés, qu'ils se montrent modifiés dans leur activité même et, dépouillés de ces propriétés caractéristiques qui avaient fait reconnaître en eux des parties du monde mouvant. Plus bas, toujours plus bas, la température s'abaisse, propriétés après propriétés disparaissent, si bien que la Science se demande, effarée, ce qui arrivera quand nous aurons atteint le zéro absolu[18]? Ce que seront alors devenues les propriétés de la matière et ce qui subsistera des caractéristiques des éléments ? N'y aurait-il pas une matière unique ?... et tous les éléments chimiques ne seraient-ils autre chose que des modifications, des agrégats de cette matière ultime ?

De même en ce qui concerne la force. La Science moderne, par une admirable généralisation, a reconnu dans toutes les forces qui nous sont connues des modes d'une force unique, identiques entre elles de leur

---

18 — 273° centigrades.

nature essentielle : chaleur, lumière, et toutes ces forces qui nous entourent, électricité, magnétisme et le reste, toutes ne sont que vibrations de durée variable, mouvement dans un milieu subtil et chacune peut être transformée en l'une quelconque des autres ; il n'y a pas de différences fondamentales entre elles, elles sont au contraire une seule et même force dans leur essence [19].

S'il en est ainsi, s'il n'y a qu'*une* matière, s'il n'y a qu'*une* force, la Science d'aujourd'hui tendrait donc bien vers l'unité [20] ? Elle devra, si vraiment elle s'oriente vers la recherche de l'unité, passer du domaine élémentaire de la matière dense dans le domaine des forces qui agissent dans des milieux subtils. Nous assistons à un changement étonnant de point de vue qui fait que, au lieu de conclure par induction l'existence de la force des changements d'état de la matière, la Science commence aujourd'hui à poser en principe l'existence de la Force et à se demander si la Matière est autre chose que le résultat de l'action de forces. Au lieu de regarder un atome comme une parcelle solide indivisible, la tendance actuelle est d'y voir un « vortex », un « tourbillon d'énergie », un centre de force.

---

19   Voir l'ouvrage très avancé pour l'époque de sa publication : *Unités des forces physiques*, par le P. Secchi, Paris, Gauthier-Villars.
20   Voir Izoulet, *loc. cit.*, p. 634 : « Après la longue crise dualiste qui était une phase nécessaire, l'*unité* de l'Être reparaît..., etc. »

Un écrivain va même jusqu'à suggérer qu'un atome[21] est une source « par laquelle un fluide invisible se déverse dans l'espace à trois dimensions », d'autres atomes ou « antiatomes » jouant le rôle de « réservoirs » par le moyen desquels ce fluide s'évacue ! Si ces deux sortes d'atomes se réunissent, l'inertie ne pourrait-elle être neutralisée aussi bien que la pesanteur ? N'y aurait-il pas une « matière potentielle » ? N'existerait-elle pas dans l'espace dépourvue de tous les attributs caractéristiques de la matière, mais prête à être vivifiée et à former un système de mondes ? Ces hypothèses sont en somme un essai tendant à présenter la théorie des atomes et des centres-laya[22] de H.-P. B. sous la forme d'un problème scientifique. La Science s'élève dans le monde invisible en essayant de mesurer et de peser ce qu'elle y trouve, et certes cette tendance actuelle vers l'Unité est un témoignage rendu à l'Unique qui se dissimule sous toute manifestation. Une seule Force, une seule Matière ; une diversité infinie de forces pouvant chacune être transmuée en l'une quelconque des autres ; une diversité infinie de formes qui se dissocient pour se recombiner de nouveau ; une Force unique sous toutes les forces, une Matière unique sous toutes les formes. Il est enfin reconnu que le fait même

---

21 Voir Lord KELVIN, *loc. cit.*
22 Voir *la Doctrine secrète*, de H.-P.B., vol. II, sect. VIII, p. 312.

de l'harmonie universelle et de l'évolution est l'indice d'une unité profonde et que des parcelles éternellement indépendantes et animées d'un mouvement propre ne pourraient rien faire que perpétuer le chaos !

Pendant que la Science chemine dans une voie si pleine de promesses, nous apercevons de grands changements dans la nature même des études qui se poursuivent et nous entendrons émettre cette étonnante théorie de sir William Crookes[23] sur la genèse des éléments : il prend pour point de départ le protyle[24] qui, en réalité, est *Vâyu* dans sa forme correspondant à notre plan physique ou « *Prithivî Vâyu* ». Il construit avec ce protyle atome après atome et il représente tous les éléments chimiques, les corps simples comme étant des agrégats de corps réunis par l'action d'une force positive et d'une force négative. J'ai tenu simplement à vous rappeler ceci à cause de quelques-uns d'entre vous qui sont épris de science moderne au point de dédaigner votre propre littérature. Or, si vous aviez lu votre *Vishnou Pouranâ* avec votre cerveau et non pas seulement avec vos yeux, tout imbus de modernisme, vous auriez pu apprendre cette théorie de Sir William Crookes, bien, bien longtemps avant qu'il l'eût émise ! Sir Crookes a

---

23   Voir *loc. cit.*
24   Voir *la Doctrine secrète*, de H.-P. B., Traduction française, Vol. II, p. 395.

fait un schéma figurant un axe immuable autour duquel s'enroule une spirale. Des atomes des *corps simples* de la chimie sont engendrés en certains points de cette spirale qui représente une force oscillante et réfrigérante ; cette spirale est plongée dans le vaste océan de protyle ou de matière primitive : tandis qu'elle s'enroule sans trêve autour de son axe immobile, elle engendre les corps simples l'un après l'autre, et par conséquent les matériaux qui contribueront à la formation ultérieure du monde. Tel est le résumé sèchement scientifique de son propre exposé. Or, j'ai lu un antique ouvrage qui parle d'une montagne, — symbole de stabilité, équivalant à un axe autour duquel toutes choses doivent accomplir leur révolution, — d'une montagne plongée dans un vaste océan. — J'ai lu qu'un immense serpent s'enroule en spirale autour de cette montagne, que d'un côté les Suras sont à l'œuvre, tandis que les Asouras de l'autre côté sont non moins actifs. Entre les deux camps — les pôles positif et négatif de la science moderne, — l'évolution commence et le serpent se met à enrouler sa spirale sans fin autour de la montagne. L'axe est appelé le mont Mandara, le serpent enroulé est le serpent Vâsouki et l'axe lui-même repose sur Hari comme pivot ; les forces positives et négatives sont nommées Dieux et Démons et leur action sur l'océan qu'ils agitent donne naissance aux matériaux de l'Univers.

Eh bien, ces symboles sont l'œuvre du voyant qui, méditant sur l'océan de matière, a dépeint en une description pittoresque ce que les yeux de l'esprit y ont entrevu ; tandis que l'exposé qui précède est l'œuvre sèchement scientifique du penseur moderne qui aboutit à une généralisation m*Agni*fique résultant de son étude des formes. Le voyant et l'homme de science se sont rencontrés !

Je vous ferai voir, quand j'en serai venu à traiter de la vie, que la science moderne tend vers notre conception de la Vie. Je vous citerai des passages des déclarations les plus récentes de maîtres de la science moderne et vous verrez que leurs conceptions s'élèvent et tendent vers les antiques doctrines que nos livres sacrés exposent. Je terminerai ce matin cette première partie de notre sujet par une requête qui s'adresse à vous tous et à laquelle je voudrais vous prier de donner toutes vos pensées quand vous en aurez le loisir.

Il n'y a qu'une Vie, la Vie de Dieu, dans tout ce que renferme Son Univers. Il n'y a point d'autre vie que Sa Vie, — d'autre conscience que Sa Conscience, d'autre pensée que Sa pensée, et c'est là notre glorification, car, étant à Son image, nous pouvons répondre aux vibrations de Sa pensée et reproduire dans nos intelligences ce qu'Il a entrepris pour que nous puissions accomplir notre évolution. Dans chacune des différentes parties de cet Univers, l'évolution se poursuit suivant des voies diverses. Le règne minéral en accomplit une part, le règne végétal en accomplit une autre, le règne animal une autre, l'humanité une autre encore, mais l'humanité présente une diversité plus grande, parce que la Soi-Conscience s'y manifeste. Sur cette terre, l'image finale de l'Être Suprême est l'homme, car la vie la plus haute ne réside qu'en lui; les autres êtres tendent vers elle, mais elle n'a pas encore été évoluée en eux. C'est pourquoi nous voyons dans l'humanité plus de différences et entre les hommes présentement plus de séparations; de là aussi pour l'homme le grand danger de l'antagonisme, dont les règnes inférieurs sont exempts parce qu'ils ne sont pas suffisamment évolués !

Que d'hommes prennent le peu qu'ils reflètent si pauvrement d'une parcelle de la pensée d'*Ishvara*, et proclament : « Ceci est *Ishvara* lui-même ! » et non pas leur médiocre conception de Lui ; « Adorez ceci comme je le conçois » c'est-à-dire « Adorez-moi au lieu d'*Ishvara*, adorez ma conception d'*Ishvara* au lieu de Lui-même. » C'est ainsi que les hommes, l'un après l'autre, présentent leur idée de Dieu en tant que Dieu ! C'est pourquoi nous voyons le monde divisé entre une multitude de formes de dogme et d'adorations ! Alors l'homme s'imagine que les hommes, ses frères, adorent d'autres Dieux, et cette idée l'inquiète et le trouble, car il ne comprend pas que les Dieux sont plusieurs parce que nous adorons notre propre conception de Dieu au lieu de Dieu Lui-même, la représentation limitée que nous formons de Lui au lieu du Soi Universel. Ils vont parfois plus loin encore ! — Il arrive qu'ils ne se bornent point à prétendre imposer l'adoration de leur conception de Dieu, à déclarer que le manifesté est limité à ce qu'ils en connaissent, que l'Univers est composé de ce que rêve leur médiocre imagination et non de la diversité infinie qui seule peut représenter Sa Puissance. Il arrive qu'allant plus loin, ils disent : « Si vous n'adorez pas ma conception de Dieu, vous êtes un réprouvé ; vous et moi, nous n'avons rien de commun, puisque vous professez une foi différente ; loin de moi, car je suis orthodoxe, mais, vous, vous êtes hérétique et votre croyance n'est que blasphème ! »

Ainsi parle religion après religion, fanatique après fanatique, homme après homme ! Chacun fait ainsi du peu qu'il reflète le Dieu de l'Univers et entre en lutte avec ses frères dont les conceptions partielles de l'image divine sont cependant aussi nécessaires que la sienne pour la reproduire totalement.

C'est là ce que je vous demande de comprendre ; Dieu ne peut trouver Son expression totale ni en vous ni en moi, dans notre misérable limitation, dans l'indigence de notre pensée, dans notre indignité impudemment présomptueuse. L'ensemble des mondes ne peut L'exprimer que partiellement ; Son univers tout entier est Son miroir et chaque fragment dans l'Univers Lui reflète une partie de Ses perfections. N'est-il pas plus noble, plus grand, plus glorieux d'être un fragment d'un Tout parfait, de faire partie de l'Unité totale elle-même et de le servir en reflétant *Ishvara*, que de nous enfermer avec notre petit fragment de miroir, en essayant vainement de lui faire refléter le tout d'une façon parfaite et en niant que nos frères autour de nous puissent refléter leur part du Parfait ?

Ces quatre conférences sont consacrées à cette pensée et elles auront manqué leur objet si elles ne l'impriment fortement en vos esprits ; car *Ishvara*, qui est Existence et Intelligence, est aussi Ananda, Joie, inexprimable Béatitude, et cette Béatitude n'est comprise que quand l'union est consciemment accomplie, quand tout est reconnu comme Un. Puissè-je seulement vous aider à voir le Soi en toutes choses : quel plus grand service l'homme peut-il rendre aux hommes ?

DEUXIÈME CONFÉRENCE

LES FONCTIONS DES DIEUX

Ceux d'entre vous à qui est familière votre littérature sacrée savent le grand rôle qu'y jouent les intelligences spirituelles appelées « Dévas » ou « Dieux ». Ainsi que je vous le disais hier, l'existence de ces Intelligences, leur présence et leur opération dans l'administration de la Nature et dans l'accomplissement de la Volonté d'*Ishvara* sont reconnues par toutes les grandes religions du monde. Les Indous les appellent tantôt Suras, tantôt Dévas ; les Hébreux, les Chrétiens et les Musulmans leur donnent les noms d'Anges et d'Archanges et distinguent parmi eux des hiérarchies plus ou moins élevées ; les zoroastriens reconnaissent également leur opération et les appellent Feristhas. Ainsi, dans chacune des grandes religions, nous voyons la présence de ces agents dans le Kosmos reconnue et leurs fonctions définies[25]. Eh bien ! Il est d'une extrême importance — tout spécialement peut-être pour les Indous — de comprendre combien vaste est le champ de leur activité et combien générales leurs fonctions, car il n'est peut-être pas de sujet dont les détracteurs de la religion ancienne de l'Inde se fassent plus souvent une arme contre elle que les actions des Dieux, telles que les livres sacrés en relatent le détail. En effet vous verrez constamment ces actions incomprises ou représentées sous un faux jour ! Les inexactitudes de ceux qui les relatent ne sont — il faut du moins l'espérer, — ni délibérément commises, ni conscientes. Elles sont imputables au matérialisme général de notre époque, elles proviennent de ce que beaucoup d'hommes, tout en appartenant de nom à une religion, n'ont jamais pris conscience des conséquences de cette religion, en sorte que tout en professant la croyance aux Anges, aux Archanges, etc., ils mènent exactement la même vie que s'ils n'existaient pas. Il y a une divergence d'opinion considérable, entre nos frères chrétiens, au sujet des Anges. Parmi les différentes sections de la vaste communauté chrétienne, la grande majorité de ceux qui professent le Christianisme a maintenu et maintient indemne et complète la croyance antique

---

[25] Le moyen âge dans sa Pneumatologie, comprenait l'étude de la Psychologie et, en outre, spéculait sur la connaissance des anges.

au ministère des Anges; cette majorité comprend les fidèles de l'ancienne Église grecque, appelée parfois l'Église chrétienne d'Orient, et ceux de la communion romaine, l'Église catholique romaine, c'est-à-dire les deux antiques Églises qui se rattachent directement aux origines du Christianisme et qui ont conservé d'une manière continue les traditions datant de l'époque du Christ et des apôtres. Dans leur vie quotidienne, leurs fidèles tiennent réellement compte de la part que les légions angéliques jouent dans le monde; ils ne se bornent pas à voir dans les Archanges des intelligences supérieures qui gouvernent la nature animée, — les sept principaux Archanges prenant la place que d'autres religions attribuent à sept Dieux, — ils admettent en outre des légions subalternes d'Anges, dont la charge permanente est de régir les lois naturelles et de guider l'évolution humaine. Ils vont même jusqu'à dire que chaque homme est individuellement placé sous la tutelle d'un Ange gardien, qui prend soin de lui du berceau à la tombe, qui s'efforce de le secourir dans le danger, de le conseiller au milieu des tentations, de le protéger contre les périls, d'écarter tous les maux déchaînés contre lui et qui, après l'avoir assisté quand il passe le seuil de la Mort, l'accompagne dans l'au-delà, à travers le monde invisible, jusqu'à ce qu'il ait remis entre les mains du Christ lui-même celui dont il avait la charge. Par contre, les communautés protestantes, en rompant comme elles l'ont fait, d'une manière brusque et rude, avec les traditions antiques tout imprégnées de vérités occultes, ont perdu, entre bien d'autres legs précieux, cette croyance à l'opération des Anges. Beaucoup de membres des communautés protestantes, tout en admettant l'existence des Anges qu'ils reconnaissent vaguement comme des « Ministres de Dieu », n'ont pas idée du rôle qu'ils jouent dans le monde. Ils ne s'adressent point à eux comme font les catholiques romains et grecs, ils ne leur rendent pas l'hommage journalier de leur vénération, ils ne les considèrent pas comme des aides, comme des intelligences supérieures à eux-mêmes et toujours disposées à prêter assistance. En fait, les Anges sont sortis de leur vie, en ce sens au moins qu'ils ont perdu la conscience, la conception de leur présence. Je ne puis m'empêcher de penser que c'est une perte très sérieuse quand il s'agit d'évolution spirituelle ; l'idée de l'Être Suprême tout entière tend à être ravalée et anthropomorphisée quand les agents intermédiaires tombent dans l'oubli, quand chacune des mesquines affaires d'une vie humaine est pour ainsi dire placée sous la direction immédiate de l'Être Suprême. Tout en reconnaissant l'action des Dieux ou des Dévas (nous leur conserverons cette dénomination pour le reste de cette conférence), nous ne devons

II. — LES FONCTIONS DES DIEUX

évidemment pas perdre de vue l'Unité de la Divinité Suprême. Dans l'Indouisme, nous ne nions pas l'existence d'*Ishvara*, nous ne l'ignorons pas quand nous reconnaissons les légions des Dévas; nous n'obscurcissons nullement notre croyance dans l'Être unique par le fait de reconnaître la multitude innombrable des Ministres de Sa Volonté. Admettre les hiérarchies des Dévas n'est pas plus contraire à l'Unité de Dieu que de constater les dissemblances entre les hommes; or nul n'oserait prétendre que nous obscurcissons l'Unité de l'Existence divine en reconnaissant la multitude des individus qui composent l'humanité totale! Seuls les préjugés et l'ignorance peuvent donner à penser que, par le fait de leur croyance aux Dévas, les Indous aient perdu la notion de l'Existence Unique supérieure à *Ishvara* Lui-même, de l'Unité fondamentale que voile la diversité. Il n'en est rien, mais, au lieu de regarder le monde comme gouverné par un Dieu extracosmique, qu'un abîme sépare en quelque sorte de Son Univers, les Indous voient en *Ishvara* la manifestation de la Vie Unique qui pénètre tout et forme la substance de toutes choses. Ils voient en *Ishvara* l'unique racine d'où procèdent toutes les existences distinctes; l'Indou croit en d'innombrables légions d'intelligences qui, degré après degré, rang après rang, s'étagent entre lui et l'Être Suprême, et sa perspective est de gravir à son tour l'échelle céleste et d'en atteindre lui aussi le sommet. Il sait en effet qu'il est divin lui-même, quoiqu'il en soit encore aux premiers degrés de l'évolution; au-dessus de lui, il reconnaît la Divinité plus hautement évoluée, de même qu'il sait reconnaître la Divinité encore dans la pierre sous ses pieds et dans tout ce que renferme l'Univers de Dieu!

Ces préliminaires établis, en sorte que notre étude ne puisse causer aucune méprise, nous passerons maintenant à cette question : « Quelles sont les fonctions de ces Dévas, de ces Intelligences qui sont à l'œuvre dans le monde? » Vous vous rendez immédiatement compte que ces fonctions doivent présenter une grande diversité, suivant le grade des Dévas que l'on considère. Ils sont à l'œuvre dans l'Immensité tout entière du Kosmos : les uns ont atteint de sublimes hauteurs, d'autres ont dépassé de bien peu dans leur évolution le niveau de l'humanité. La grande différence entre eux et nous est que normalement ils ne font pas usage d'un corps physique, quel que soit leur degré de vie mentale, émotionnelle et spirituelle. Ce fait suffit à établir une démarcation bien nette. L'être qui fonctionne en tant qu'homme, étant à la fois intellectuel, émotionnel et spirituel, fait emploi d'un corps physique, de manière à mettre en œuvre les activités en corrélation avec le monde physique. Les Dévas, multitude innombrable, sont tous dépourvus de ce revêtement ou véhicule physique ; ils emploient normalement comme véhicule un corps dont les éléments appartiennent à la région spéciale de l'univers où s'exerce leur activité normale.

Supposez par exemple qu'un Déva appartienne essentiellement au monde spirituel, il emploiera normalement un corps spirituel ; s'il veut agir sur le plan mânasique, il créera pour son usage un corps mânasique temporaire en amassant, à cette fin, de la matière de ce plan et en la retenant pour lui servir de véhicule aussi longtemps qu'il agira sur ce plan ; s'il désire fonctionner dans la région kâmique, il amassera de la matière kâmique et s'en formera un corps temporaire ; s'il désire agir visiblement dans le monde des hommes, il s'enveloppera de matière du plan physique et s'en fera un corps approprié à l'objet immédiat qu'il se propose, — et ainsi de suite pour chacun des autres grades.

Les Dévas du monde mânasique emploient normalement le corps mânasique et se façonnent des corps kâmique et physique s'ils désirent parfois un véhicule temporaire sur ces plans ; ceux de la région kâmique emploient normalement le corps kâmique et créent un véhicule physique quand il leur est nécessaire. Ainsi, d'une manière générale, tout Déva emploie normalement un corps composé de matière tirée de la région de l'univers à laquelle il appartient, mais il a toujours le pouvoir de créer le véhicule quel qu'il soit dont il a besoin pour accomplir toute mission dont il peut avoir charge sur un plan différent. Ceci vous suggèrera peut-être une explication de la grande variété de formes qu'un même Déva peut revêtir. Ceux dont la vision intérieure est développée, ceux qui peuvent voir dans les régions invisibles à l'homme ordinaire disent que les Dévas font usage d'un grand nombre de formes ; parmi ces formes, quelques-unes nous ont été transmises par la tradition, décrites à l'origine par quelque grand Rishi[26] peut-être conservées par ses disciples, puis exprimées dans des figures de terre, de pierre ou de métal, peintes ou sculptées suivant les cas ; une telle image est alors transmise de génération en génération, et cette forme particulière personnifie ce Déva aux yeux de ses adorateurs. Si parfois nous rencontrons plusieurs formes attribuées à un même Déva, c'est précisément parce qu'il façonne la forme dont il a besoin pour l'ouvrage spécial qu'il a entrepris, sans qu'aucune de ces formes le conditionne ; ce sont des véhicules purement transitoires, créés en vue d'une œuvre définie ; cependant certaines de ces formes sont relativement permanentes, en partie à cause du culte qui s'adresse à elles. Souvent en effet le Déva daignera reprendre une

---

26   Un sage par l'intermédiaire de qui de grandes vérités sont transmises à l'humanité par des intelligences plus élevées.

forme déterminée pour se rendre accessible à la pensée de ses adorateurs. Supposons par exemple, — et c'est un exemple très élevé que nous prenons — que Shrî Krishna veuille se manifester à quelque sien Bhakta[27] de telle sorte que ce serviteur dévoué ait la joie d'être pleinement conscient de la présence de son Seigneur. Il revêtira très certainement la forme que ce Bhakta a la coutume d'adorer, celle qui éveille les plus profondes émotions dans son cœur ; — ces formes sont en effet employées dans l'intention expresse de stimuler la dévotion, d'attirer le cœur en lui présentant la Divinité illimitable sous une forme conditionnée que l'intelligence concrète de l'homme est plus ou moins capable de saisir, de comprendre, d'admirer et d'adorer. Vous ne pouvez aimer le vide de l'espace, vous ne sauriez fixer votre cœur sur les abîmes de l'infini, vous vous faites illusion si vous pensez pouvoir comprendre Brahman, l'Être Suprême, avec votre intelligence limitée, mal exercée aux pratiques les plus élémentaires du Yoga. Trop souvent, quand nous parlons de *Lui*, aucune pensée effective ne répond à nos paroles ; les lèvres parlent, le cœur et l'intelligence demeurent muets. Degré par degré, il faut que nous nous élevions du manifesté au non-manifesté et Dieu Lui-même, le

---

27 Disciple.

Dieu d'amour et de compassion, revêt des formes pleines de beauté pour attirer le cœur humain, pour que l'adoration exalte ce cœur humain jusqu'à ses pieds, pour qu'il puisse recueillir quelques parcelles de Sa Vie qui apportent au Moi de l'adorateur la compréhension même partielle de son unité avec *Lui*.

Ainsi les Dévas, à tous les degrés de leur innombrable hiérarchie, remplissent des fonctions en rapport avec leur grade ; en termes généraux, leur ouvrage dans le monde consiste à guider l'évolution conformément à la volonté d'*Ishvara*. Cette définition résume réellement toutes leurs fonctions que nous allons cependant étudier dans leur détail. Je ne parle pas ici des vastes fonctions des Dévas supérieurs, fonctions qui dépassent notre savoir et l'enseignement que les Rishis ont donné ; je m'occupe seulement des fonctions inférieures qui concernent notre monde et le système solaire dont notre monde fait partie ; limitant ainsi notre étude à des proportions qui conviennent à notre ignorance, nous allons pouvoir étudier quelques-unes des fonctions des Dieux dans notre système solaire.

D'une manière générale, ces fonctions consistent, comme je vous l'ai dit, à guider l'évolution, à l'adapter à la volonté vivante de l'Être Suprême, à la mettre en corrélation avec elle, à accomplir enfin cette volonté en faisant coïncider dans le temps et dans l'espace tous les agents et conditions nécessaires à cette fin. Une Volonté Suprême, l'Unique, gouverne l'Univers et cette Volonté tend constamment vers le progrès, vers le but assigné à l'évolution de cet Univers ; immuable, constante et perpétuelle, cette Volonté ne connaît pas de déviation ; selon l'expression chrétienne, « il n'y a pas l'ombre d'un changement » dans cette invariable Volonté ! L'Univers suit sa course le long de la voie que lui trace la Volonté Divine ; il n'en peut être dévié, il ne peut changer sa route. Telle est la loi de l'Univers, la loi sur laquelle nous nous reposons avec une foi inébranlable ; mais tandis que la loi s'accomplit dans cet Univers où l'homme est en voie d'évolution, — l'homme en qui existe le germe de la volonté souveraine de Dieu, l'homme qui, créé à l'image de Dieu, possède en germe des pouvoirs divins ! — dans cet Univers, dis-je, à mesure que l'homme évolue, des volontés apparaissent et évoluent elles aussi, volontés distinctes, personnelles, individuelles. Toute la confusion qui se manifeste dans le monde humain est due à cette évolution de volontés distinctes qui ne savent pas reconnaître en Dieu leur origine commune, qui cherchent au contraire à suivre chacune sa propre voie et prétendent aller chacune à sa façon. C'est pourquoi, dans le monde humain et nulle part ailleurs dans la nature, nous voyons le désaccord au lieu de l'harmonie, des conflits au lieu de la tranquillité, la guerre au lieu de la paix ! Le règne minéral obéit à la loi universelle, le règne végétal se conforme à cette loi, le règne animal obéit à sa contrainte. L'homme apparaît, l'homme en qui doivent se développer plus tard les attributs supérieurs, quand il aura franchi les stades inférieurs, le germe de la volonté s'éveille en lui et la compétition des volontés séparées amène des discordes d'où sortira pour l'humanité une condition plus haute et plus riche que l'harmonie des règnes minéral, végétal et animal ! En effet, quand l'évolution humaine sera accomplie, des millions de volontés distinctes s'uniront dans un accord harmonieux et grandiose et cette union de volontés qui volontairement se donnent est plus puissante, plus belle dans son expression que ne pourrait l'être jamais l'obéissance contrainte. La musique que l'humanité exhale vers Dieu, avec son harmonie infiniment variée, est une expression de la Divinité incomparablement plus parfaite que celle qui peut être rendue par les règnes inférieurs de la nature en qui nous trouvons de simples monocordes ; mais vous comprendrez facilement que toutes ces volontés antagonistes, quand elles se manifestent, rendent indispensable *quelque chose, quelqu'un* qui adapte, qui maintienne les corrélations, qui rétablisse l'équilibre entre toutes ces forces en jeu, de telle sorte que l'unité du plan soit constamment respectée !

Prenons un exemple concret : supposons que je tienne une balle et que je désire la mettre en mouvement ; cette balle peut se déplacer en ligne droite suivant une infinité de directions ; je pourrais lui imprimer une impulsion unique dans la direction que je veux lui voir prendre et, obéissant à cette impulsion originale, elle suivrait exactement cette direction ; c'est ainsi que se mouvrait l'univers, s'il contenait seulement des minéraux, des végétaux et des animaux, s'il ne renfermait pas des volontés antagonistes, s'il était livré à l'étreinte de fer de la nécessité qui jamais, en aucune façon, n'admet de résistance. Mais si je connais assez de mécanique, je puis également déplacer notre balle suivant une ligne droite en lui appliquant deux forces divergentes et même opposées ; je peux en effet lui appliquer deux forces sous un angle déterminé et, si cet angle est correctement mesuré, en fonction de l'intensité des deux forces, sous l'action de leur résultante, la balle se déplacera dans la même direction que quand elle subissait une impulsion unique ; je pourrais de même appliquer à cette balle et composer trois, quatre, cinq, un million de forces et, si elles sont exactement calculées et équilibrées à cet effet, leur résultante prendra toujours la direction primitivement fixée. Le maintien de l'équilibre est une des fonctions des Dévas ! Ils prennent les volontés distinctes, toutes ces forces divergentes imprimées pour ainsi dire à notre monde, tandis qu'il roule dans l'espace et poursuit le cours de son évolution. Ils équilibrent, ils adaptent, ils composent ces forces et c'est ainsi qu'ils maintiennent le monde constamment dans la même direction, qu'ils conservent identique la résultante qui tend à l'accomplissement de la volonté de l'Être Suprême. Sans Eux, nos volontés produiraient une confusion infinie et ce monde ne compléterait jamais son évolution, il n'atteindrait jamais le couronnement de cette évolution à la place marquée pour lui aux pieds de Dieu.

Nous voyons les Dévas remplir d'autres fonctions encore qui concourent au même but ! Ils moulent les formes nécessaires pour que la vie, à mesure qu'elle progresse, trouve à s'exprimer. L'évolution dépend en effet du pouvoir croissant de la vie qui s'épanouit, mais elle nécessite des formes au moyen desquelles cette croissance puisse se poursuivre. Les Dévas moulent ces formes en sorte que la vie, après avoir brisé par son expansion la forme qui la contenait et qu'elle a usée, puisse trouver une forme nouvelle qui s'adapte aux capacités évoluées dans la forme qu'elle vient d'abandonner parce qu'elle n'était plus à sa taille. Nous voyons également que les Dévas brisent les formes, de même qu'ils les façonnent, toujours attentifs à leur unique objet qui est de servir l'évolution de la vie.

II. — LES FONCTIONS DES DIEUX

Ils agissent encore en qualité d'instructeurs, de guides ; de conseillers auprès de ceux qui ont devancé l'évolution normale, fruits hâtifs de la race humaine ; ils n'adressent pas directement leur enseignement aux masses, ils se chargent des êtres humains les plus avancés, ils les instruisent directement, les mettent à l'essai et les éprouvent comme nous le verrons plus loin ; en résumé, le plan général consiste à favoriser les progrès de l'évolution et, dans l'application, cette aide s'effectue de mille manières selon les besoins du monde.

Autrefois l'action des Dévas était un fait reconnu, elle remplit les livres saints ; ils se montraient continuellement au milieu des hommes, ils accomplissaient leur œuvre en plein jour, pour ainsi dire. Mais maintenant, ils ne se montrent plus au commun des hommes ; parmi ceux-ci, beaucoup ont oublié jusqu'à leur existence et, même dans l'Inde, sous l'influence des idées matérialistes auxquelles ils ont été entraînés, bien des gens rougissent de dire qu'ils croient à l'existence des Dévas et à leur action. L'incrédulité n'y change rien, elle n'a d'effet que sur ceux qui nient. L'action des Dévas demeure toujours la même, ils n'en sont pas moins occupés à l'accomplissement de la Volonté suprême ; seulement ils ne se montrent plus, ils ne veulent plus se manifester qu'à ceux qui reconnaissent leur existence et leur œuvre ; s'ils ne se font plus voir maintenant comme ils faisaient aux temps anciens, c'est parce que les hommes d'alors étaient remplis de respect et d'amour, prêts à s'incliner devant les êtres plus sages et plus grands qu'eux-mêmes, parce que la démagogie n'était pas souveraine alors, parce que les ignorants ne se croyaient pas les égaux des savants, pas plus que l'homme ne songeait à s'égaler aux Dieux ; en ce temps-là, comme l'aide leur était rendue possible, les Dévas venaient à l'aide des hommes, mais ils ne reviendront jamais plus visibles sur cette terre jusqu'à ce que l'homme ait appris de nouveau à révérer ce qui le dépasse, à comprendre quelle est sa place dans le Kosmos, à adorer aussi bien qu'à commander. Les Dévas sont à l'œuvre malgré tout ; notre folie, notre vanité, notre ignorance ne leur retirent rien de leurs fonctions ; seulement ils agissent invisibles et nous avons perdu le doux privilège et le réconfort de leur présence visible, la force et la joie des temps héroïques, la dignité de la collaboration consciente avec les Immortels, l'assurance toujours renouvelée de la vie superphysique. Pas une mort ne se produit sur notre terre, sans qu'un Dieu ait lui-même marqué pour la destruction le corps dont la tâche est achevée, pas une « catastrophe naturelle » dont un Dieu n'ait guidé le déchaînement ; pas un secours n'arrive au besogneux dont un Dieu ne soit l'agent véritable derrière l'auxiliaire visible ; pas une réponse au cri de détresse de l'homme qui ne soit la réponse d'un Dieu à la douleur humaine. Partout ils sont à l'œuvre, partout ils produisent ce que nous attribuons au fonctionnement automatique d'une nature sans vie ; chaque phénomène est le voile d'un Dieu et rien n'a lieu sans qu'une Intelligence y prenne part.

Il y a sept grands Dieux au-dessus de la Trinité, de la Trimôurti. Toutes les religions reconnaissent l'existence de ces sept grands Êtres ; le Chrétien parle des « sept Esprits qui se tiennent devant le trône de Dieu » ; le Zoroastrien nous parle des sept Ameshaspendas qui gouvernent le monde ; les Chaldéens distinguaient sept grands Dieux : cinq seulement de ces sept Dieux sont à l'œuvre et deux sont encore cachés, car l'univers est en cours d'évolution et n'en a traversé encore que les cinq premiers stades, c'est pourquoi nous ne pouvons parler avec précision des « fonctions des Dieux » que pour cinq de ces grands Dévas. Les deux Dévas encore cachés dépassent notre connaissance ; ils sont en corrélation avec des stades futurs de l'évolution du Kosmos. Examinons les cinq autres : vous connaissez suffisamment les noms dont on les nomme par rapport à leurs fonctions ; ils sont en rapport avec les *Tattvas* dont nous parlions hier ; le Seigneur d'*Akâsha*, *Indra;* le Seigneur de l'Air, *Vâyu;* le Seigneur du Feu, *Agni;* le Seigneur de l'Eau, *Varuna;* le Seigneur de la Terre, appelé parfois *Kshiti* (on le désigne sous plusieurs noms différents). Chacun de ces grands Dévas a ce que nous pourrions appeler une région assignée à son activité et la matière dont est composée cette région est la matière dans laquelle il agit, mais, en outre de la région qui lui est propre, chacun d'eux est représenté dans le domaine de tous les autres Dévas par une subdivision de région sur laquelle son influence s'exerce plus spécialement. Ces régions sont les grands plans cosmiques dont je vous ai parlé, plans que les *Tattvas* différencient les uns des autres, mais si nous descendons au plan physique et considérons exclusivement le *tattva Prithivî*, nous nous apercevrons qu'il présente lui-même une division septénaire et qu'il renferme des solides physiques, la terre physique ou *Prithivî*, l'eau physique ou *Apas*, le feu physique ou *Agni*, l'air physique ou *Vâyu*, l'éther physique ou *Akâsha* ; chacun des grands Dévas agit donc sur chaque plan à travers le médium correspondant à la région qui lui appartient dans l'ensemble du Kosmos.

Combien souvent nous retrouvons ces correspondances imprimées en quelque sorte dans la nature! Nous voyons la lumière avec ses sept subdivisions, les sept couleurs du spectre solaire, et la gamme avec ses sept notes : sons et couleurs sont produits par des vibrations, les uns comme les autres, et chacun d'eux est déterminé par le nombre de vibrations émises dans l'unité de temps. Comme l'univers est édifié par l'opération de vibrations, les sons et les couleurs sont des facteurs de l'univers d'une manière générale et chaque région de l'univers est dite avoir sa couleur propre, ou plutôt le Déva de cette région a une couleur propre qui dépend de sa puissance de vibration, couleur qu'il imprime à la région qu'il gouverne, si bien qu'un Rishi qui d'un plan supérieur regarde le système solaire, ne perçoit pas seulement les sept notes fondamentales de la musique composant « l'harmonie des sphères ». Il voit en outre un somptueux déploiement de couleurs, car les sphères des grands Dévas, chacune avec sa couleur propre, s'interpénètrent les unes les autres, produisant par le mélange de leurs rayonnements un chatoiement splendide, le merveilleux « arc-en-ciel qui entoure le trône de Dieu ». Aujourd'hui les expressions mystiques de ce genre ont perdu toute signification pour la masse, parce que la vision de ceux qui les écrivirent est très peu développée de nos jours et que bien, peu sont capables de voir comme les voyants d'autrefois.

Chacun de ces grands Dévas a au-dessous de lui une légion de Dévas subordonnés qui exécutent ses décrets ; l'organisation d'un État quelconque vous donnera une image très exacte du gouvernement du système solaire[28]. Nous y voyons à la tête un empereur ou une impératrice, puis, au-dessous, des personnages pourvus d'offices qui représentent l'autorité suprême dans les diverses subdivisions du royaume, — soit une autorité centrale, unique, régissant l'ensemble et ses délégués qui exercent le pouvoir direct dans les divers départements de l'empire; tous ces personnages sont classés en une hiérarchie, si bien que nous voyons des ministres, des juges, des magistrats aux postes suprêmes, puis d'autres qui leur sont subordonnés à des degrés de moins en moins élevés, dont chacun administre une région de plus en plus restreinte dont les fonctions deviennent de plus en plus limitées, à mesure que nous descendons l'échelle officielle, mais dont chacun est toujours responsable vis-à-vis de son supérieur hiérarchique. C'est vraiment là une fort bonne image du gouvernement du système solaire : la tête de tout est *Ishvara* Lui-même; ses vice-rois sont les grands Dévas ayant chacun un vaste domaine qu'il régit spécialement et une hiérarchie sous ses ordres, hiérarchie qui s'étend jusqu'aux Dévas les plus inférieurs, qui accomplissent leur ouvrage dans le champ limité d'un « village » du système solaire.

---

28   Cf. Izoulet, *la Cité moderne*, p. 305. —: « Dieu, c'est *le gouvernement de l'Univers...* »

II. — LES FONCTIONS DES DIEUX

Voilà donc un aperçu des fonctions des Dieux, et maintenant la première idée qu'il importe de saisir est celle-ci : toutes les fois que nous voyons l'une quelconque de ces formes Fondamentales de manifestation sur le plan où notre conscience est à l'œuvre, le plan physique, nous devrions essayer de prendre conscience de la présence du Dieu derrière le phénomène matériel. Que ce soit le feu d'un volcan, ou l'incendie qui dévaste des forêts immenses, ou encore la flamme qui brûle au foyer domestique ou sur l'autel des sacrifices, pas un feu ne brûle sur cette terre qui ne soit *Agni* manifesté, avec ses pouvoirs possibles rendus visibles. Ce n'étaient pas de vains rêveurs ceux qui, aux temps anciens, ordonnaient à vos pères d'entretenir le feu, le feu du foyer que les époux allumaient le jour de leur union, et qu'ils emportaient dans la forêt quand leur vie en commun avait atteint son terme. Ils emportaient ce feu avec eux et ce feu conservait auprès d'eux la présence du Dieu qui, tout au long de l'existence qu'ils avaient partagée, avait béni, avait guidé, avait donné la prospérité et rendu possible et désirable le retrait final de la vie en commun. C'est une de ces vérités nombreuses que l'Inde moderne est en train de perdre !

Au temps où l'homme avait foi en ces vérités, où il s'acquittait des cérémonies dont elles impliquent le devoir, la nature agissait pour sa part suivant un ordre bien défini et on ne voyait pas se produire les irrégularités continuelles qui ont lieu de nos jours. Dans cette collaboration harmonieuse des hommes avec les Dieux, la nature répondait à l'homme comme l'homme répondait à la nature; aussi longtemps que l'homme s'acquittait de son devoir, la nature à son tour accomplissait le sien; la sècheresse, la famine, le manque de soleil, la peste, toutes les formes enfin de la misère humaine étaient regardées comme ayant leur origine dans les fautes de l'humanité; l'homme retournait avec soumission aux devoirs qu'il avait négligés et rétablissait ainsi l'équilibre rompu par sa propre irrégularité.

Essayons de voir comme exemple concret l'ouvrage des Dieux dans ce que nous appelons l'évolution de la nature : nous nous adresserons au grand Dieu Varuna. Il agit au moyen de l'eau; l'eau, dans toutes ces manifestations, est sienne, sur le plan physique ou sur tout autre plan, sous toutes les formes qu'elle est susceptible de prendre, car ce que nous appelons « eau » est naturellement sa manifestation la plus inférieure, la plus grossière, son *corps physique* en quelque sorte.

Varuna agit dans la nature au moyen de l'eau en d'innombrables manières, pour dissoudre, pour combiner, pour dissocier; si nous prenons ses œuvres les plus puissantes, quelle conception grandiose n'atteindrons-nous pas du pouvoir de ce Dieu! Revenez en arrière avec moi, pénétrons dans les lointaines profondeurs du passé à l'époque où l'humanité n'avait pas encore pris forme ; figurez-vous le monde tel qu'il était alors ; voyez comme le feu et l'eau, *Agni* et Varuna travaillent toute matière pour approprier le monde à servir de berceau à l'humanité à venir ; voyez comme Varuna travaille à préparer tout ce qui est nécessaire, montagnes et vallées, fleuves et plaines ; voyez la puissance de son œuvre aussi bien que celle de son frère Agni, en conflit apparent, mais en réalité eu harmonie profonde ; le feu et l'eau se rencontrent, leur explosion érige une chaîne de montagnes à l'endroit où elle faisait défaut ! Regardez encore : Varuna rassemble la neige sur les cimes des montagnes, peu à peu il emplit avec des masses de cette neige qui se comprime en glace[29] les ravins creusés par l'action combinée des volcans ; puis la lente érosion commence. Poursuivant son œuvre sous forme de glacier, le Dieu puissant laboure le flanc de la montagne, il laboure encore et encore, creusant dans le sein de la terre un profond sillon et préparant l'avenir ; voyez ensuite, après des âges, le canal que fraya le glacier est occupé maintenant par des cataractes bouillonnantes de neige fondue ; un torrent y dévale en tumulte et rien ne peut résister à ses flots déchaînés ; la vallée

---

29 Voir TYNDALL, *les Glaciers et les transformations de l'eau*. Librairie Alcan, Paris.

que la glace a creusée comme un soc est inondée d'eau qui, lentement, y dépose de la terre, préparant de fertiles contrées dont les moissons permettront plus tard à l'homme de vivre. Alors Varuna rassemble ses eaux dans un canal de plus en plus étroit, jusqu'au moment où nous voyons une chaîne de montagnes, une vallée et une rivière qui l'arrose ; il prolonge le cours de sa rivière et la déverse dans l'océan, puis son frère *Agni* en évapore les eaux pour former les nuages. Ainsi leur action puissante et qui semblait destructive a produit la construction de cette plaine et de cette vallée où des hommes pourront vivre et aimer, où des enfants viendront prendre leurs ébats, où des chevaux iront paître, où les moissons pourront croître et mûrir sous le soleil, où l'homme, habitant des rives paisibles de la rivière, adorera Dieu qui a rendu possibles sa vie et son bonheur.

Nous parlons parfois de la cruauté de la nature : voyons ce qu'il en est réellement de cette cruauté. Le monde est maintenant habité... une foule d'hommes peuple notre vallée et soudain cette même rivière qui la rendait habitable et fertile déborde de son lit, son flot puissant emporte villages et villes, hommes, femmes, enfants, bestiaux, et ne laisse derrière lui que la désolation. Qu'est-ce que cela ? Cette horreur est-elle l'ouvrage d'un Dieu ? Et Varuna, qu'a-t-il fait ? —

Varuna agit en vue de l'évolution : sa pensée ne s'attache non point aux formes où la vie est enfermée, mais à la vie qui évolue en elles et qui peut façonner pour elle-même des formes nouvelles. Quand tous ces êtres sont emportés par l'inondation, ce sont simplement des formes qui s'évanouissent ; la vie rejaillit sans atteinte, affranchie, car le corps est la prison de la vie qui évolue et, si les portes de la geôle n'étaient jamais défoncées, nous resterions enfermés pour toutes nos vies et nous ne ferions aucun progrès dans l'avenir. Pour le Dieu, la forme n'est rien et la vie est tout, la forme est le véhicule changeant, approprié à des besoins passagers et la vie qui le façonne est la seule chose qui vaille la peine qu'on y pense. C'est pourquoi il rejette la forme quand elle a fait l'usage dont elle était capable et de sa part cette destruction est un acte de charité suprême, c'est l'acte le plus profitable à l'évolution. C'est une erreur, mes frères, d'envisager la mort, les yeux en larmes et le cœur brisé : la mort est la transition qui mène à une renaissance plus haute, qui libère l'âme emprisonnée ; c'est la libération qui permet à l'oiseau enfermé dans une cage étroite de prendre son essor et de monter dans les cieux en chantant avec joie la liberté recouvrée. Cela vous semble-t-il étrange ? Le Mahâbhârata[30] va

---

30   Voir *The Story of great War*, par ANNIE BESANT, Theosophical Publishing Society, 26 Charing Cross, Londres.

nous donner un exemple : les Dieux tenaient conseil dans Svarga[31] pour fixer comment certains d'entre eux se réincarneraient sur la terre, afin d'aider l'humanité au milieu d'une grande crise de l'histoire du monde ; il fallait de grands hommes et la question était de savoir si quelques-uns des Dieux consentiraient à se conditionner dans les limites de formes humaines, afin de donner une aide spéciale au progrès humain ; le fils de Soma Déva, appelé Varchas, était parmi ceux dont le concours était nécessaire pour l'ouvrage qui se préparait et les Dieux désiraient que ce Déva prît naissance sur la terre. Soma Déva hésitait, il n'aurait pas voulu que son fils quittât la vie céleste et son père, et s'il consentit finalement à ce que Varchas se réincarnât en Abhimanyou, fils d'Arjouna, il y mit cette condition expresse qu'il vivrait seize années seulement de la vie terrestre et qu'il serait tué à la grande bataille de bûcher — Quelle étrange façon d'envisager la vie ! Direz-vous ; qu'il est extraordinaire d'entendre l'amour stipuler des conditions pareilles : que ce jeune homme meure à seize ans, à la fleur de son adolescence ! Qu'il meure de mort violente ! C'est là cependant la volonté de celui qui l'aimait le mieux, tant les cieux et la terre

---

[31] Svarga, *la Contrée des Dieux* pour les Indous ; le terme sanscrit équivalent est Dévachan. (Voir Mme BESANT, *la Sagesse antique*, chap. V, Ed. théosophiques).

envisagent les choses d'un œil différent. Soma voyait la vie et ne se souciait point de la forme ; pour un Dieu, la forme est une prison, et la mort, le geôlier qui affranchit ; c'est pourquoi Soma posait cette condition que l'adolescent divin vivrait seize années seulement, de la vie des hommes, et alors « mon fils au bras puissant reviendra vers moi », il quittera la terre sur un champ de bataille, succombant avec gloire au milieu du combat.

Savez-vous que parfois l'engloutissement d'une civilisation entière par une convulsion naturelle, — telle que l'ensevelissement d'Atlantis sous les flots de l'océan que nous nommons Atlantique, — est la meilleure preuve d'amour que le suprême *Ishvara* puisse donner, par l'intermédiaire de ses agents, aux vies en voie d'évolution, car il est des périodes dans l'histoire du monde où l'homme est si passionnément engagé dans une ligne de conduite contraire à son progrès réel, où il place si obstinément son désir dans les objets qui le captivent et retardent son évolution, que la seule grâce que les Dieux puissent lui faire est de mettre en pièces sa forme et de lui donner pour ainsi dire un nouveau point de départ pour évoluer son Soi, la Vie. Il m'est arrivé, quand j'ai visité quelques-unes des misères de nos grandes cités de l'Ouest, quand le devoir que je poursuivais m'a fait traverser, le cœur brisé, les bouges de l'est et du sud de Londres, ceux de Glasgow, d'Edimbourg ou de Sheffield, quand j'ai observé les types des hommes et des femmes qui m'entouraient, quand j'ai vu la nature humaine presque voilée par la brute, l'humanité dégradée à tel point qu'il devenait presque impossible de la reconnaître et que la seule forme sous laquelle il semblait possible de demander secours en sa faveur était la libération de la vie emprisonnée, j'ai eu parfois l'impression que rien, sauf la destruction des formes, ne pouvait donner d'espoir pour les vies qu'elles emprisonnaient ; que, pour ces hommes et ces femmes tels qu'ils étaient, dégradés, abrutis, ivrognes, dépravés, pour ces formes où l'animalité mettait une si forte empreinte, la plus grande grâce que Dieu pût leur faire eût été un tremblement de terre engloutissant l'énorme cité tout entière et libérant les vies qui s'y trouvaient parquées sans espoir. Pas une de ces vies n'eût été perdue en effet, pas une d'elles n'eût été sacrifiée, elles seraient devenues libres de prendre des formes un peu moins dépourvues de plasticité et de laisser l'action divine s'exercer librement, chose qui ne devient possible parfois que quand les formes, — les formes de mal, — ont été détruites. Nous disons parfois que l'éducation des enfants est plus facile que celle des adultes, parce qu'ils sont plus malléables, plus plastiques ; de même les Dieux jugent parfois nécessaire à l'évolution que l'Égo-enfant prenne une forme plastique au lieu de sa forme rendue rigide par l'âge et pareille à une prison, et c'est pourquoi ils brisent tout ce qui l'enserre de manière que la jeune vie puisse croître librement.

Une autre des grandes fonctions des Dieux consiste à s'occuper du karma des nations, du « karma collectif » comme on l'appelle parfois. Supposez une nation qui agit en tant que collectivité, je ne m'occupe pas ici des individus introduits par leur karma individuel dans cette collectivité, mais de la nation agissant comme une unité, — et supposez que cette nation commette un crime envers une autre nation. Nous avons assisté l'année dernière à une opération du karma si formidable que je la prendrai pour exemple : il s'agit de l'Espagne. Il y a quelques siècles, l'Espagne était à l'apogée de sa grandeur, elle était puissante parmi les nations de l'Occident. Un don lui fut dispensé en vue d'aider son progrès, le don de connaissances nouvelles : à vrai dire, venant de l'Arabie et portant l'empreinte de l'islamisme [32], elles se présentaient dans des conditions qui devaient les rendre difficilement acceptables. Ce furent en effet les enfants de l'Islam qui les introduisirent ; ils apportaient avec eux le flambeau de la science et, en s'établissant dans le sud de la Péninsule,

---

32 Voir JANET et SÉAILLES, *Histoire de la Philosophie*, p. 1001, l'influence d'Averroès et de Maimonide.

ils transmirent leurs lumières à l'Espagne ; des universités s'ouvrirent, des groupes d'études considérables furent constitués, de toutes les parties de l'Europe on vint en foule aux écoles de Cordoue pour apprendre les rudiments de cette science qui depuis lors s'est si puissamment développée dans les contrées occidentales. Que fit l'Espagne ? Contre ces Maures et contre les Hébreux, versés eux aussi dans les connaissances de l'Orient, l'Espagne fit appel aux armes atroces de l'Inquisition, le bûcher, le chevalet, les cachots, la torture et l'exil. Qui pourrait compter les centaines de milliers d'individus qui furent expulsés de leurs foyers, les familles dispersées, les misères, les privations intolérables, résultats de l'expulsion des Maures et des Juifs hors du territoire de l'Espagne ?

L'Espagne n'avait pas encore épuisé les succès que lui réservait son karma : Colomb, fils de l'Italie, vint servir sa gloire, il réussit à franchir l'océan Atlantique et, dans le sillage de ses vaisseaux, arrivèrent bientôt les navires des conquistadors de l'Amérique, pleins de soldats espagnols. Je ne m'attarderai pas sur l'histoire de la conquête du Mexique, ni sur la conquête du Pérou, plus terrible encore ; je n'ai pas le temps de vous faire le récit déchirant de la destruction d'une grande civilisation, de l'anéantissement total du Pérou, et jusque dans ses traces les plus exquises, de l'une des civilisations les plus parfaites que notre monde ait jamais connues, de l'écrasement d'une race paisible, de ces Indiens qui furent mis aux fers, emprisonnés, privés de ce glorieux Soleil dont leurs Incas étaient fils. Trop doux pour résister, accoutumés à vivre au soleil, parmi les fleurs et la musique, ils furent entassés dans des souterrains qu'on leur fit creuser dans d'anciennes falaises, ils y périrent par milliers en extrayant de la terre l'or et l'argent qu'exigeaient les conquérants espagnols, si bien que le nom même de cette antique nation disparut et qu'il ne resta que quelques Indiens disséminés pour représenter au Pérou ce qui avait été une des plus brillantes civilisations du monde.

Tel fut le karma engendré par l'Espagne aux jours de sa gloire, puis l'horreur même de ses conquêtes sombra dans l'oubli du passé… mais les Dieux oublient-ils ? Non, leur mémoire est parfaite, ils administrent la Loi Divine, préparant aux semeurs leur moisson ! Dans la contrée que les Espagnols avaient outragée, dans ce même pays qu'ils avaient conquis, une nation nouvelle surgit au cours des siècles pour reprendre la lutte d'autrefois entre les deux hémisphères et aujourd'hui nous venons de voir l'Amérique et l'Espagne aux prises de nouveau dans une étreinte mortelle, mais cette fois l'équilibre de la balance s'est déplacé ; l'Amérique est devenue l'agent karmique chargé de compenser les maux infligés aux Aztèques et aux Péruviens et d'expulser de l'hémisphère occidental la nation qui outragea l'humanité aux siècles passés. L'intervention des Dieux est nécessaire pour amener les nations à régler les comptes ouverts entre races et pour rétablir ainsi l'équilibre ; c'est ainsi qu'ils agissent en employant les hommes comme agents et qu'ils produisent les résultats nationaux voulus. Ils atteignent ce but en partie en faisant réincarner à une époque déterminée les hommes que leur karma individuel rend susceptibles de devenir agents du karma collectif de leur nation. Quoi de plus frappant dans la guerre hispano-américaine qui vient de se terminer que l'incapacité absolue des hommes qui gouvernaient l'Espagne ? D'où venaient-ils ? C'étaient des hommes qui, dans le passé, s'étaient préparés par leur karma individuel la triste destinée de gouverneurs incapables ; ils avaient été amenés par les Dieux à reprendre naissance dans les familles où le gouvernement espagnol choisit ses chefs, afin que, par leur faiblesse et leur incapacité, leur lâcheté et leur imprévoyance, ils pussent conduire leur nation à sa perte et devenir les instruments requis pour l'accomplissement du mauvais karma de l'Espagne. Et de même, voyez comme surgissent les grands hommes, au moment voulu, pour mener leur nation à la victoire ; ceux-là aussi sont choisis à l'avance par les Dieux à cause de

II. — LES FONCTIONS DES DIEUX

leur karma individuel, ils sont amenés à se réincarner en temps et lieu, quand il est besoin d'eux pour l'accomplissement du karma collectif d'une nation. Ce n'est pas le hasard qui met au monde un homme, ce n'est pas davantage le fonctionnement d'une loi sans vie, ni l'œuvre d'une aveugle nécessité ; les Dieux interviennent avec une intelligence qui prévoit et pourvoit. Ils choisissent pour accomplir leurs fins les hommes que leur karma individuel rend propres à devenir leurs agents pour l'œuvre entreprise et Ils les amènent à prendre naissance, à l'endroit même où ce karma peut concourir au karma collectif de leur peuple.

Dans les limites beaucoup plus restreintes, ceci est également vrai de l'accomplissement du karma individuel ; vous avez dû vous demander parfois avec étonnement comment la loi karmique peut s'appliquer avec une justice rigoureuse, malgré l'interférence d'innombrables activités humaines : c'est précisément parce que les Dieux guident son accomplissement ! Vous rencontrez sur votre chemin un affamé, et, si vous vous méprenez sur le karma, — comme font un trop grand nombre d'entre vous, à la grande honte de l'Inde, de cette contrée où cet enseignement remonte à une antiquité immémoriale, — vous vous détournez de cet homme en disant que c'est son karma d'avoir faim et de périr. Dans vos cœurs endurcis, vous prétextez la volonté de Dieu pour masquer votre égoïsme, votre indifférence, votre défaut d'amour. Le karma de cet homme ? D'avoir faim ? En effet et c'est pourquoi il jeûne !... mais si un Dieu vous a conduit auprès de votre frère qui a faim, c'est parce qu'il voulait faire de vous l'agent de sa miséricorde envers cet homme dont la souffrance vient précisément de racheter le mauvais karma ! Le Déva vous dit : « Homme, ton frère est affamé ; soulage-le comme c'est son karma d'être soulagé et sois mon agent pour accomplir la loi » ; mais si vous refusez au Dieu, si, aveuglé par l'ignorance ou l'indifférence, vous vous détournez sans vouloir transmettre à votre frère son message, celui-ci n'en arrivera pas moins à son adresse. Le Dieu trouvera quelque autre agent ou bien encore, il s'en acquittera lui-même par quelque acte qui, aux yeux des aveugles, pourra sembler un miracle, car le plan divin ne connaît pas d'obstacle. Quant à ceux qui ont refusé d'agir comme ses agents, qui ont refusé de transmettre ses messages, ils se préparent comme karma l'isolement sans assistance quand l'heure du besoin sonnera pour eux à leur tour dans l'avenir ; ceux qui administrent la bonne Loi n'oublient point, toute dette est réclamée à son heure, tout créancier est payé intégralement. « Si je rencontre un homme, direz-vous peut-être, il ne s'ensuit pas que son karma soit nécessairement épuisé à ce moment même ? » En effet, mais ce n'est pas votre affaire, c'est le rôle du Dieu qui guide, de détourner l'aide physique, si le karma du destinataire est encore mauvais. Si cette occasion vous est donnée de créer un bon karma et si vous l'accueillez, vous conservez tout le mérite de votre bonne volonté, vous gardez toute l'heureuse influence de votre disposition au sacrifice, mais, en même temps, si l'heure n'est pas venue où votre frère doit être soulagé, son objet sera soustrait à votre charité, les circonstances, comme vous diriez le mettront hors de votre atteinte. Laissez les Dieux faire l'ouvrage des Dieux et administrer la Loi ; acquittez-vous de cette charité, de cet amour, de cette compassion dont Ils voudraient que l'homme fasse constamment preuve envers les hommes. Nous ne pouvons enfreindre la Loi, nous ne pouvons contrecarrer leurs plans ; nous avons le choix entre la collaboration et le refus, et de cela notre karma individuel dépend.

Développant ce qui précède, nous reconnaîtrions que les Dévas réunissent les êtres et les séparent, toujours en vue de l'accomplissement de leur karma individuel, que les hommes sont guidés à leurs places et positions respectives à des moments déterminés par les circonstances que leur karma les oblige à traverser.

Par la constitution de ses corps visible et invisible, chaque homme est en relation spéciale avec l'un ou l'autre des grands Dieux ; cette constitution lui donne une affinité particulière pour un Déva plutôt que pour aucun autre. Prenons un exemple : les légions de Dévas inférieurs qui dépendent d'*Agni* emploient, pour constituer les corps visible et invisible d'un homme, le type de matière dans lequel ce Dieu agit normalement ; il en résulte pour cet homme une relation spéciale avec ce Dieu en particulier. Chaque homme est donc en corrélation avec une manifestation déterminée de Dieu, et c'est vers elle qu'il devrait se tourner de par sa constitution et son stade d'évolution mêmes. Par malheur, de nos jours, l'ignorance, a si généralement pris la place de la connaissance, qu'il est difficile pour un homme de discerner à quel Dieu il est relié de la sorte. Je n'ai pas le loisir de m'étendre sur ce point, mais vous verrez combien il confirme l'ancienne croyance d'après laquelle les hommes adoraient avec raison des manifestations différentes de Dieu et y trouvaient profit.

Il nous faut passer en hâte sur cet aperçu, car nous avons encore à nous occuper des âmes plus hautement évoluées ; comme votre capacité à défendre votre littérature sacrée contre les attaques de ceux qui ne la comprennent pas dépendra de votre propre compréhension de cette partie du sujet, je vous demanderai de me suivre ici avec attention ; vous pourrez appliquer ensuite en cent autres cas les principes que je vais vous, expliquer à l'aide d'histoires appropriées. Dans leurs relations avec les êtres humains les plus avancés, les Dévas ont pour mission de les instruire, ainsi que je l'ai déjà indiqué, et aussi de les éprouver, de les mettre à l'essai, — de voir jusqu'à quel point ils sont dignes de confiance en éprouvant leurs points faibles, de telle sorte que ces points faibles puissent être éliminés, en faisant porter l'épreuve partout où subsiste un germe de vice de manière que ce germe puisse être arraché. — Essayons de bien comprendre la nature de cet ouvrage : voici un homme qui a fait de grands progrès, il touche au terme de ses renaissances. Or il subsiste en cet homme quelques germes de mal que l'action de karma n'a pas encore amenés à se manifester ; il est sur le point d'être libéré et cependant il ne peut l'être tant que ces germes subsistent, Que faire de cet homme ? Il faut hâter le moment où ces germes de mal seront mûrs, il faut les faire croître plus vite qu'ils ne feraient normalement, il faut les éliminer quoi qu'il en coûte de peine, d'angoisse et de dégradation temporaire. Le Déva combinera donc un ensemble de circonstances propres à faire mûrir le germe, à lui faire porter son fruit, et de la sorte, l'homme, agissant comme il l'eût fait après que l'évolution eût lentement produit cette même maturation, peut souffrir des conséquences de son erreur et, par cette souffrance, il peut éliminer sans longs délais le mal qui persistait dans sa nature et qui seul l'empêchait d'atteindre à la libération. Laissez-moi vous illustrer chacun de ces points au moyen d'une histoire, de manière à rendre claire pour vous l'action des Dévas : vous reconnaissez qu'un homme est fort ; soit, mais cette force doit être mise à l'essai pour voir si elle est sans défauts ; si un homme doit se suspendre à une corde pour descendre dans un précipice, s'il doit confier sa vie à cette corde, il importe qu'elle subisse des tractions et soit mise à l'épreuve pour voir s'il n'y a pas en elle quelque point faible qui puisse occasionner sa rupture et la chute de l'homme. Il pourrait y avoir un défaut dans la corde et, tant qu'elle n'aura pas été éprouvée, l'homme ne voudra pas lui confier sa vie. Combien moins le Déva consentira-t-il à risquer le progrès d'un homme avancé sur une vertu dont la force n'est pas à toute épreuve ? Il en fera l'essai en la soumettant à toutes les difficultés possibles, jusqu'à ce qu'elle ait fait preuve d'une force suffisante pour supporter le fardeau qu'elle peut être appelée à soutenir. Nous tirerons nos histoires du Mahâbhârata que vous connaissez tous ou devriez tous connaître.

    Arjouna cherchait des armes divines, — il devait être un grand chef dans une bataille encore à venir ; nous sommes au temps de l'exil de treize années et vous pouvez vous rappeler qu'Arjouna passa plusieurs années de cette période à la recherche de ces armes ; il recherchait Maheshvara qui lui avait promis sa propre arme et il accomplissait beaucoup d'austérités afin de pouvoir se présenter pur devant le Dieu. — Un jour, pendant qu'il accomplissait ses dévotions, un sanglier vint à passer ; au même instant un chasseur apparut, un chasseur de très basse caste, un chasseur des collines. Arjouna, vous vous en souvenez, était un Kshattriya ; en cette qualité, il saisit son arc pour abattre le sanglier, mais le chasseur leva également son arme, pour faire de même ; les deux flèches partirent à la fois, et le sanglier tomba mort. Arjouna fut très irrité de l'intervention de ce chasseur de basse caste, il lui cria : « Comment oses-tu tirer un sanglier qui m'appartient ? » puis il se mit à le quereller en le menaçant de mort. Le chasseur répliqua : « Si vous voulez la lutte, luttons. » À ces mots, Arjouna fit pleuvoir ses flèches sur le chasseur, mais toutes glissaient sur lui ; le chasseur lui criait en riant : « Excellent, — parfait, — va, — continue. » Arjouna employa contre lui une arme après l'autre, mais sans succès, les flèches glissaient ; arbres, rocs, tout se brisait contre le chasseur ; il demeurait sans une blessure, sans atteinte, jusqu'au moment où, à la fin, il se fit reconnaître comme Mahâdéva et loua l'homme qui avait su maintenir son droit même contre la Divinité. C'est ainsi qu'il mit à l'épreuve la force d'Arjouna : le Kshattriya pouvait-il être envoyé à bûcher avec des armes célestes s'il n'était pas de force à combattre ? Mettez-le en face de la puissance divine, limitée de manière à pouvoir être affrontée et combattue ; quand son courage aura été reconnu indomptable et sa force suffisante, envoyez-le alors à bûcher, ayant fait ses preuves et capable dès lors de mener ses hommes à la victoire.

Prenez un autre cas plus difficile. Youdhisthira a le cœur navré : il lutte, il a échoué, il est en danger. Drona, qui est en face de lui, commande les années ennemies et l'a repoussé du champ de bataille. Nul ne peut tenir contre Drona, tous fuient devant la face de ce puissant guerrier ; il repousse toutes les attaques. — Que faire ? Youdhishthira est au désespoir. Va-t-il être vaincu ? — C'était un roi sans reproche que ce fils de Pandou, une des figures les plus nobles et les plus irréprochables que la littérature antique ait peintes, mais avec une pointe de faiblesse qui, aux moments critiques, pouvait parfois se manifester, une trop grande disposition à céder, un défaut de cette qualité du Kshattryia qui consiste à savoir tenir tête seul contre une force quelconque qui l'assaille ; c'était là un petit germe de faiblesse, mais renfermant la possibilité d'une chute fatale ! Shrî Krishna, le grand Avatâra, se tenait à ses côtés, quand Bhîma arrive précipitamment du champ de bataille ;

il annonce qu'il a tué un éléphant qui porte le même nom que le fils de Drona ; si Drona entendait dire que son fils Ashvatthâmâ est mort, il laisserait tomber ses armes, il laisserait fuir ses adversaires ; il ne combattrait pas un instant de plus, si son bienaimé était mort. « Je lui ai dit qu'Ashvatthâmâ n'est plus, mais il n'a pas voulu me croire ; il m'a envoyé vers vous en disant : « Youdhishthira est dévoué à la vérité, il ne dirait pas un mensonge pour la souveraineté des trois mondes ; s'il dit qu'Ashvatthâmâ est mort, je le croirai » ... L'épreuve est terrible, c'est une force formidable qui agit sur cet homme en qui subsiste une faiblesse ; et Shrî Krishna, à ses côtés, le surveille attentivement et lui conseille de proférer un mensonge... Un Dieu conseille à cet homme presque sans reproche de mentir ? Quelle scène étrange ! Youdhishthira, cédant à Krishna, prononce un mensonge... Drona laisse tomber ses armes, il est tué.

Si l'histoire s'arrêtait là, nous pourrions à bon droit nous montrer étonnés ; s'il ne nous en était pas dit davantage de la vie de Youdhishthira, nous pourrions nous demander : « Que venons-nous d'étudier là ? » Mais, quand nous nous souvenons qu'une des grandes fonctions de l'Instructeur, du Gouroudéva, est d'amener à se manifester toutes les faiblesses qui existent en son pupille, que sans cela ces faiblesses tiendraient l'homme enchaîné et l'empêcheraient d'atteindre la libération, nous suspendons notre jugement et nous poursuivons notre lecture.

Quand ce mensonge eut été prononcé, le chariot de Youdhishthira s'effondra sur le sol, incapable de se soutenir plus longtemps, la vérité ayant été violée ! — Tandis que les années passaient, l'amertume du souvenir de ce mensonge demeura dans la mémoire de Youdhishthira ; le chagrin d'avoir tué son précepteur par un mensonge rongeait le cœur du roi ; jamais il ne s'en remit, jamais il n'en effaça l'impression ; encore et toujours, l'angoisse l'éveillait en sursaut dans son sommeil : « J'ai tué mon Gourou. » — Le chagrin et la honte agirent jusqu'à ce que la douleur eût purifié cette noble âme des moindres traces de faiblesse ; et, quand le Grand Voyage est accompli, quand femme et frères sont morts et demeurés derrière lui sur sa route, il n'a pas un mot de murmure pour protester contre la mort de ses bienaimés, il se tient prêt à monter aux cieux ; une seule créature vivante reste auprès de lui, le chien qui l'a suivi fidèlement à travers toutes ses pérégrinations après qu'il eut quitté sa capitale. Alors que ce chien demeure son unique compagnon, fidèle jusqu'à la mort et confiant dans l'affection de son maître, un Dieu puissant descend du ciel et s'approche du roi : « Youdhishthira, ton heure est venue ; monte dans mon chariot céleste ; sans quitter ton corps, tu vas pouvoir monter aux cieux : tu as conquis le droit d'y vivre et d'y régner. » Youdhishthira va-t-il céder à l'invitation du Dieu ? Il répliqua : « Voici ce chien ici : il s'est confié à ma protection, je ne puis le laisser seul, il faut que je le prenne avec moi. » — Le Dieu répondit : « Il n'y a point place aux cieux pour les chiens ; les chiens sont impurs ; non certes ils ne sauraient y avoir place. Tu as laissé derrière toi tes frères défunts et aussi ta femme quand elle est morte, pourquoi demeurerais-tu maintenant pour ce chien ? » — « Ils sont tous morts, répartit le roi, et pour les morts les vivants ne peuvent rien, mais cette créature est vivante, elle a cherché ma protection, je ne l'abandonnerai pas. » — « Allons, dit le Dieu, ne sois pas insensé à ce point, laisse là ce chien. » — Mais Youdhishthira tient ferme, il était assez fort pour résister au Dieu et pour se montrer juste et fidèle envers la pauvre bête qui avait mis en lui toute son affection ; à moins qu'il ne pût prendre ce chien avec lui, il voulait demeurer sur la terre et accomplir son devoir ! Telle est la leçon qu'il avait tirée de sa chute, tel est le résultat de l'intervention de Shrî Krishna dans son évolution !

Nous pouvons reconnaître la même opération qui se poursuit tout au long de la Grande Guerre ; suivez Shrî Krishna à travers les pages du Mahâbârata et vous verrez qu'il ne s'écarte jamais de cet unique et ferme objet, d'amener la Grande Guerre à un terme prévu où la justice triomphera et où les Kshattriyas de l'Inde disparaîtront ; il travaille tous ensemble à détruire l'injustice et à préparer l'avenir de l'Inde en abolissant la caste guerrière, mur de fer qui pendant longtemps avait formé autour d'elle une enceinte protectrice. Toutes Ses actions ont un but déterminé et, si vous les étudiez avec soin, vous verrez que Son objet est immuable. Son œuvre entière d'un bout à l'autre tend à l'accomplir. Voyez comme il intervient quand Sa puissance et Sa protection sont indispensables, comme Il essaye de stimuler les Pandavas dans l'accomplissement de leur devoir et ne prend leur place que quand ils vont faillir à la tâche.

En voici un exemple : Shrî Krishna a promis qu'il ne prendra point part au combat ; or, Arjouna hésite en face de Bhîshma et n'a pas le cœur de combattre contre lui. Vous vous rappelez combien cette lutte fut cruelle ? Arjouna se sentait incapable de lutter vigoureusement contre Bhîshma, le plus grand des hommes et des guerriers, parvenu à la perfection en Dharma, le grand-père et le précepteur de tous... « Comment pourrais-je le tuer ? répétait Arjouna ; je me rappelle le temps où j'étais un enfant, où couvert de poussière, je grimpais sur ses genoux, et jetant mes bras autour de son cou, je l'appelais : Père. Il me répondait : je suis le père de ton père. Comment me déciderais-je à le tuer ? » Et vous vous rappelez que Shrî Krishna Lui-même lui disait de ne pas se dérober et lui ordonnait *de tuer Bhîshma*. La tâche était dure ; ses souvenirs étaient trop puissants pour Arjouna ; il luttait, mais seulement en apparence, sans vigueur, en contenant sa force, jusqu'au moment où Shrî Krishna vit la nécessité de pousser cet homme à faire son devoir et à lutter, fût-ce contre son vieux précepteur lui-même. Il jette les rênes de Ses chevaux, saisit le fouet, saute à bas du chariot et le fouet à la main, se jette au cœur de la mêlée pour attaquer en personne Bhîshma. Ah ! Que cette vue est cruelle pour Arjouna ! Elle fait appel en lui au Kshattriya, l'émotion fait place au souci du devoir ; il jette ses bras autour de Shrî Krishna pour le retenir et s'écrie : « Retire-toi, retire-toi ! Guide encore une fois mon chariot et je ferai mon devoir, fût-ce de tuer Bhîshma. »

Que signifie cela ? Cela signifie que le projet du Dieu s'accomplira, qu'il se trouve ou non un homme pour l'accomplir, — que l'évolution se poursuivra malgré ceux qui hésitent et ceux qui résistent, — que tandis que l'évolution procède, sous l'impulsion de la Volonté Divine, le progrès individuel dépend de la collaboration individuelle avec cette Volonté, — que Dieu évolue Ses agents en les mettant à Son œuvre, et que leurs progrès dépendent du degré où ils sont capables de recevoir l'impression qu'il communique.

Je vous citerai un dernier cas pour vous montrer ce que fit Shrî Krishna dans une circonstance où les forces en jeu étaient trop formidables pour qu'Arjouna pût tenir tête, où Il vit qu'Arjouna avec toute la valeur dont il disposait était impuissant à résister et que nul appel, si énergique fût-il, nul stimulant ne pourrait lui donner le moyen de se défendre lui-même.

Un javelot fut lancé qui ne pouvait manquer son but, un javelot céleste dont il avait fait don quand il s'était éveillé de ses mille années de sommeil. Ce javelot était dirigé contre Arjouna, Arjouna ne pouvait l'éviter. Seule de toutes les armes de la terre et du ciel, celle-ci *doit* atteindre son but. Arjouna va donc être tué au milieu du combat! Que faire? Il ne peut couper le javelot avec les flèches de Gandiva, il ne peut se servir contre lui d'aucune des armes puissantes qu'il a reçues des Dieux, car ce javelot est l'arme de l'Être suprême à laquelle rien ne peut résister; alors, au dernier moment, quand le javelot vole et va toucher la poitrine du guerrier, Shrî Krishna se jette au-devant de lui et l'arme, en touchant son sein, reconnaît son maître et se change en une guirlande de fleurs. De même pour le chariot qu'Il conduisait: Shrî Krishna donna à Arjouna l'ordre de descendre le premier. Il lui ordonna de prendre ses armes, Lui-même. Il demeura immobile dans le chariot et n'en voulut pas descendre avant qu'Arjouna l'eût quitté ; au moment où Il l'abandonna, le char tout entier s'embrasa, car, étant Maître du feu comme de toutes choses, Sa seule présence avait pu maintenir jusque-là le char dans son intégrité.

Vous voyez, mes frères, combien fructueuse est l'étude de ce sujet pour ceux qui s'occupent de littérature sacrée ; vous voyez comment vous pourrez l'expliquer à vos coreligionnaires et la défendre contre les attaques des hommes d'autre croyance. Pour la défendre, soyez sans rudesse et sans amertume ; pour la défendre, bannissez la colère de votre esprit, évitez l'indignation qui envenime les paroles, mais rappelez-vous bien que, quand l'ignorance attaque, le devoir de « ceux qui savent » est de défendre, que quand l'ignorance s'attaque à ce qui forme la nourriture spirituelle de millions d'individus, tout homme « qui sait » devrait se lever pour la défense, de peur que les fidèles peu éclairés de cette croyance ne s'égarent en voyant les vérités contenues dans leurs livres sacrés attaquées par des gens qui ne les comprennent pas.

Ceci sera la conclusion de cette conférence : je vous demande de vous souvenir dans toutes les circonstances de votre vie que des Dieux vous environnent ; vous ne préparez point de karma dont ils ne doivent se souvenir, vous ne murmurez pas un appel qu'ils laissent jamais sans réponse. S'il semble pour un instant que nulle réponse ne vienne, si la peine que vous redoutiez vous atteint malgré vos prières, rappelez-vous que la main de l'Amour a permis qu'il en advienne ainsi et qu'en supportant bravement votre peine, vous travaillez vous-même à votre prompte délivrance. Il vous faudra devenir des hommes dans l'avenir et cesser d'être des enfants, — devenir des hommes à l'image du vivant *Ishvara* et non plus de petits enfants qu'il doit pour toujours porter dans Ses bras. Il requiert de vous une force virile pour aider les Dieux. Il évolue en vous des agents pour Son futur univers : vous pouvez tarder si vous le voulez, vous pouvez perdre du temps si cela vous plaît ; Kalpa après Kalpa, vous pouvez rester aux degrés inférieurs. Si tel est votre choix, il n'exercera pas de contrainte sur votre volonté, mais la sagesse consistera, de votre part à laisser Sa Volonté agir en vous pour votre prompte et parfaite évolution, de manière que vous ayez la joie d'accomplir cette Volonté dans d'autres mondes, d'être consciemment Ses agents dans d'autres conditions ; car les hommes sont des Dieux en devenir et nous nous préparons à remplir les fonctions des Dieux.

TROISIÈME CONFÉRENCE

ÉVOLUTION DE LA VIE

Nous avons atteint un point de notre étude à partir duquel nous pouvons commencer à suivre l'évolution de la vie dans notre système planétaire. Cette évolution a lieu sur les diverses planètes, mais sur tous les globes elle est semblable dans son plan d'ensemble, quoiqu'elle se modifie dans ses détails.

Nous limiterons donc — ou peu s'en faut — notre étude à notre monde particulier et à notre humanité particulière ; à vrai dire, nous serons obligés au début de sortir quelque peu de ces limites, mais, pour la plus grande partie de notre étude, nous nous bornerons à l'évolution de la vie sur notre terre.

Nous cherchons dans cette étude un terrain d'entente qui puisse servir de point de départ à une collaboration intellectuelle des peuples de croyances différentes et dont la pensée s'est formée à des écoles diverses. Si nous cherchons ce terrain d'entente entre la Science de l'Orient et celle de l'Occident, si nous cherchons à comprendre dans la lumière de la religion quelques-uns des mystères de la vie, il est juste et convenable de nous rappeler, que nulle religion n'a le monopole de la vérité, que quiconque cherche à dégager la vérité, doit être en mesure d'appuyer ses assertions sur le témoignage des diverses religions du monde et de montrer que, sur toutes les grandes vérités essentielles, fondamentales, toutes tiennent un même langage, toutes enseignent une leçon identique. Ainsi, en traitant mon sujet ce matin; j'attirerai comme précédemment votre attention sur les points principaux où l'opinion concordante des grandes religions, où les déclarations bien définies des Instructeurs du monde peuvent susciter une opposition, de manière à favoriser parmi nous le développement de la tendance vers l'unité, duquel dépend l'évolution future de la vie. Nous avons actuellement des raisons toutes spéciales pour cela, nous verrons à mesure que nous suivrons l'évolution de la vie, que nous traversons en ce moment une véritable crise de l'évolution intellectuelle, que les caractéristiques de ce stade d'évolution sont la division et la séparation, la tendance à isoler l'individu des autres individus et en quelque mesure à le leur opposer pour l'étudier; nous reconnaîtrons que le stade suivant dans l'évolution de la vie est la recherche de l'union entre les unités individualistes, que l'aspect prochain du Divin que l'homme doit développer dans son Soi intime est l'aspect « d'union » et non l'aspect « diversité ». Il importe que ceux qui cherchent la lumière, que ceux qui s'efforcent de collaborer avec la nature par la connaissance de ses voies secrètes connaissent le degré prochain de l'évolution avec autant de certitude que le degré actuel ; ils pourront ainsi coopérer avec la nature en occupant eux-mêmes ce degré et hâteront de la sorte l'époque où l'humanité entière pourra faire de même.

En ce qui concerne la conception de la vie, dans ses relations avec la forme, une transformation s'accomplit en ce moment dans les idées de la Science occidentale ; je m'arrêterai un instant sur ce point pour donner corps à cette assertion, car il importe à notre recherche des moyens propres à concilier les deux écoles antique et moderne de la Science de noter combien s'est modifiée depuis dix ans la position prise par les chefs de la Science occidentale dans ce problème de la vie et de la forme. Je prends comme une déclaration officielle sur ce sujet de la vie l'article de biologie paru il y a quelques années dans la dernière édition de l'*Encyclopédie britannique*, et écrit, comme tous les articles de cet ouvrage, par un homme éminent dans le monde scientifique. Traitant de la vie, l'auteur de l'article en question déclare nettement ceci : « Une masse de protoplasma vivante est purement et simplement une machine moléculaire d'une grande complexité ; le résultat total de son fonctionnement, c'est-à-dire les phénomènes vitaux qu'elle présente, dépendent, d'une part, de sa construction et, d'autre part, de l'énergie qui lui est départie ; en conséquence, entendre par « vitalité » autre chose que la désignation d'une série d'opérations équivaudrait, à parler de « l'horlogité » d'une pendule, c'est-à-dire qu'il serait aussi déraisonnable, aussi insensé de considérer la vie de quelque manière que ce soit comme le principe commun d'existence, comme quoi que ce soit de plus qu'une simple succession de phénomènes liés à un appareil déterminé de matière, que si, considérant une horloge, on prétendait en séparer la marche du mécanisme lui-même ! C'est donc là une conception purement mécanique de la nature, les processus vitaux étant attribués à l'équilibre instable du protoplasma ; l'enchaînement de ces processus vitaux est déterminé simplement par des variations d'ordre mécanique et chimique, l'activité dite « vitale » est donc ainsi ramenée à un caractère purement mécanique. Or, à la dernière assemblée de l'Association britannique le président de la Section de chimie (et la chimie fut, vous le savez, la science même qui à cet égard conduisit le monde scientifique vers le matérialisme) s'est rallié à un point de vue totalement différent, un point de vue qui ramène la question à la conception qu'en eut la pensée antique et qui oriente les investigations de la Science occidentale dans une direction où elle recueillera très probablement les plus profitables résultats. Le Dr Japp, président de cette Section, compare l'action de la vie à l'action d'un opérateur qui délibérément travaille en vue d'un but, qui déploie des connaissances et de la volonté pour produire un résultat bien défini : « L'opérateur, dit-il, exerce une action directrice qui est proche parente, dans ses résultats, de celle de l'organisme vivant », puis, poursuivant en langage très technique pour montrer sur quelles bases cette assertion se fonde, il conclut en ces termes : « Toute explication purement mécanique du phénomène doit nécessairement échouer ; pour moi, je ne vois nul moyen d'échapper à cette solution qui s'impose ; au moment où la vie apparut pour la première fois, une force directrice vint simultanément en jeu, une force d'un caractère précisément identique à celle qui permet à l'opérateur intelligent, par l'exercice de sa volonté, de choisir un énantiomorphe cristallisé et de rejeter son opposé dissymétrique[33] ! »

---

33   C'est-à-dire image du premier vue dans une glace et par conséquent ayant les parties correspondantes symétriquement disposées

Telle est la déclaration : avec l'apparition de la vie, coïncide une apparition de conscience qui exerce une action directrice dans la nature, de même qu'elle exerce une action directrice dans le choix fait par l'opérateur. Rapprochez ces deux déclarations, voyez le renversement complet d'attitude qui s'est opéré et vous pourrez alors apprécier en quelque mesure la transformation qui s'est faite dans la pensée occidentale, dont l'indice est l'identité reconnue de la vie et de la conscience, assertion dont ne s'est jamais départie la Science vénérable de l'Orient.

Avant d'entrer dans aucun détail, laissez-moi vous indiquer les grandes lignes du chemin que nous allons parcourir. De l'Existence Une, de l'Être Unique sans second émane, ainsi que nous l'avons vu dans la première conférence, *Ishvara*, Dieu dans son aspect créateur et manifesté, *Ishvara* enveloppé dans Mâyâ qui doit fournir les éléments de construction d'un nouvel univers. Nous avons vu qu'Il est Triple dans Sa manifestation, Triple dans l'aspect sous lequel Il Se révèle, de sorte que l'aspect de Dieu manifesté dans cet univers est une Trimoûrti ou Trinité ; Son opération nous montrera ce triple caractère, car l'évolution de la vie est triple, qu'on l'étudie dans la nature ou dans l'homme.

---

par rapport au plan spéculaire, et constituant ainsi un individu cristallin semblable, mais non superposable au premier.

III. — ÉVOLUTION DE LA VIE

Je sais la pensée qui se présente à beaucoup d'entre vous qui connaissent les grandes affirmations de la littérature orientale ; vous songez à la construction, à la conservation et à la disparition d'un univers et vous dites : « L'Existence Une est parfaite, infinie, immuable ; l'Univers est parfait à la fin comme il est parfait au commencement ; mais alors, pourquoi cette longue évolution de la vie avec toutes ses luttes, avec toutes ses imperfections graduellement et lentement surmontées ? Et pourquoi du parfait faut-il que l'imparfait procède pour retourner, au terme de son évolution, dans cette perfection même d'où il provient ? » Cette question est basée sur un malentendu fondamental, malentendu qu'il est nécessaire de dissiper et qui n'eût jamais pu se produire parmi vous si vous aviez lu les écritures à la lumière d'une conscience développée par le Yoga, si votre pensée avait suivi avec soin les grands traits de l'idée qu'elles expriment, de manière à en préciser les points successifs. Vous vous souviendrez qu'il est écrit dans le *Chândhogyopanishad* que l'Être Unique désira Se multiplier ; et, du moment où vous saisissez l'idée de la multiplication, si vous songez à ce qu'elle signifie, au lieu de répéter simplement le mot, vous comprendrez que « multiplication » signifie nécessairement « division » et par suite « limitation » et que limitation implique nécessairement « imperfection ». Arrivés à ce point, vous ne manquerez pas de vous demander : « En quels termes l'univers est-il décrit et quelle idée se cache derrière les mots ? » et vous verrez que, tandis que Dieu est représenté comme un Feu, l'Univers est décrit, non pas comme un feu, mais comme une étincelle et les vies humaines comme des millions d'étincelles issues du Feu illimité. Or, le mot « étincelle » n'est pas seulement employé pour figurer la limitation inséparable de la manifestation, il suggère en outre l'idée que cette étincelle doit être convenablement alimentée et développée ainsi à la ressemblance de la Flamme d'où elle provient ; et, de même que l'étincelle est de même nature que la flamme, il nous est dit : « Tu es Cela », le Soi dans l'homme étant de nature identique à celle du SOI qui lui a donné naissance. Vous vous rappellerez une autre expression constamment employée pour décrire tout à la fois l'Univers dans son ensemble et les parties dont il se compose, les mots « germe » et « semence ». Retournons, je vous en prie, à la Bhagavad Gîtâ si familière à tous ceux d'entre vous qui étudient, écoutons un instant les termes choisis par Shrî Krishna pour exprimer l'idée de la nature de l'Univers et de ses relations avec l'Être Suprême ; que dit-Il ? :

Mama yonir Mahad Brahmâ tasmin garbham dadâmyaham Sambhava sarva bhutânâm tato bhavati Bhârata.

C'est-à-dire : « Je place le germe dans le sein de Mahad Brahma. » Que signifient ces mots ? Le sens tout entier dépend de notre compréhension du mot « germe ». Mahad Brahma est la matière de l'Univers, vivifiée par Brahman sous son troisième aspect, ce que les Théosophes appellent le troisième Logos, ce qui dans la Trimoûrti est appelé Brahmâ. Considérant Brahman comme l'Être Unique, Maha Brahma est le troisième aspect de Sa révélation qui vivifie et rend atomique la matière de l'Univers, la matrice qui reçoit la semence de la Vie Éternelle. Dans cette matrice, dont la manifestation est l'œuvre de Brahmâ ou troisième Logos, le second Logos, le Père générateur, Vishnu, place ce « Germe de Vie », afin qu'il puisse s'y développer ; ce « germe » n'est pas Lui-même dans la Toute-Puissance de Sa Divinité, ce n'est pas Lui-même dans la plénitude du développement de Ses Pouvoirs, c'est la semence de Sa Vie, capable d'évolution, contenant en Soi toutes choses à l'état latent, mais ne montrant encore rien en manifestation au commencement de l'Univers. Il est vrai que le père renaît dans son enfant, il est vrai que l'enfant est le même que son père et cependant la vie que donne le père n'est que la semence contenant la potentialité de développement, De même l'Univers n'est que la semence de la Divinité, renfermant en elle tous pouvoirs à l'état latent et capable par son évolution de devenir à l'image de l'Être Suprême ; et cependant encore tous les pouvoirs sont en lui à l'état de germe, mais non développés, *potentiels* et non *actuels*. Au terme seulement de son évolution, cette semence arrivée à l'âge de son parfait développement reproduira l'image du Père qui l'engendra et donnera aux âges à venir un nouvel *Ishvara* duquel de nouveaux univers pourront évoluer. Telle est la réponse à cette question de principe : « Pourquoi cette longue évolution ? » C'est cette évolution même que nous nous proposons de suivre maintenant ; depuis le germe jusqu'à son terme parfait, l'évolution de la vie donnée à l'état de germe qui doit croître jusqu'aux Dieux.

Jetons tout d'abord un coup d'œil sur la forme matérielle dans laquelle cette vie va s'envelopper ; nous n'allons pas l'étudier en détail, — ce sera notre tâche demain, — mais l'envisager simplement *en tant que principe engagé dans l'évolution générale de la matière au moyen de quoi la vie doit trouver son expression*. Nous avons parlé dans notre première conférence des *Tattvas* ; nous avons trouvé qu'ils sont des modifications de Prakriti, la matière primordiale, apparaissant l'une après l'autre à mesure que se construisent les régions de l'univers. Pour notre sujet de ce matin, il suffit de nous rappeler que cinq des *Tattvas* seulement sont en jeu au stade présent de l'évolution, — que le plus élevé des cinq est l'*Akâsha* au sens le plus haut du mot, puis viennent *Vâyu*, *Agni*, *Apas* et enfin *Prithivî* : ces cinq *Tattvas* sont cosmiques, ils représentent de vastes plans de l'univers, mais ils ont également leurs correspondances sur le globe physique : — l'éther, l'air, le feu, l'eau et la terre, qui ne sont que la réflexion en quelque sorte en miniature, de leurs grands prototypes dans le système en général. La seule donnée dont il soit besoin de nous souvenir en outre pour notre sujet de ce matin, c'est que l'ensemble de ces *Tattvas* est animé par la vie du troisième aspect de Dieu. Il est bon de nous arrêter un instant sur ce point ; si nous examinons en effet les autres religions, nous constatons que toutes nous font des déclarations *exactement semblables ;* ce n'est pas seulement l'Indouisme, ce n'est pas un seul livre tel que le *Vishnou Purâna* qui nous enseigne que la création divine est issue de Mahat, la troisième manifestation, que ces grands *Tattvas*, émergeant du principe d'individualité qui forme la caractéristique de cet aspect divin, furent évolués par modifications successives. Si nous nous tournons en effet vers les doctrines hébraïques, nous y trouvons expressément déclaré que « l'Esprit de Dieu », le troisième aspect ou sagesse, « se mouvait à la surface des eaux ». « Les eaux » ne sont ici qu'un symbole qui, traduit, devient « la matière » ; les Écritures de toutes les grandes religions en usent dans cette même acception ; cette image, « l'Esprit de Dieu se mouvant à la surface des eaux », représente donc la vie qui flotte, qui plane à la surface de l'océan de matière primordiale et l'imprègne dans toute sa masse, lui communiquant ainsi la vie qui la rendra propre à recueillir en tant que matrice une vie plus élevée. L'énergie divine qui vivifie de la sorte la matière provient de la troisième personne de la Trinité chrétienne. Cette doctrine des Hébreux domine le Christianisme entier, étant donné que les Églises chrétiennes ont reçu de la tradition hébraïque les parties les plus anciennes de leurs Écritures. En citant ce qui précède, je cite donc un texte qui fait autorité non pas seulement pour les Israélites, mais aussi pour tous les Chrétiens, engagés qu'ils sont par la doctrine hébraïque qu'ils ont recueillie.

Je pourrais vous montrer, si le temps me le permettait, que d'autres grands Instructeurs ont parlé dans le même sens ; leur enseignement concordant se résume en ceci : la matière préparée pour l'évolution — matière dont seront formés les organismes de ce monde comprenant nos propres corps — est imprégnée de la Vie divine et l'aspect sous lequel cette Vie divine l'imprègne ainsi est l'aspect de la troisième manifestation de Dieu. Voilà pour quelle raison fondamentale Brahmâ cesse d'être adoré, voilà pourquoi on ne lui élève plus de temples et pourquoi on ne voit plus des foules d'adorateurs se presser dans ses sanctuaires : son opération était prépondérante aux premiers stades de l'univers, mais elle est désormais dépassée, en quelque sorte éclipsée par celle d'un autre aspect du Dieu Tout-Puissant, l'aspect de Vishnou en tant que Préservateur, Soutien et Organisateur. Vishnou représente la vie active dans tous les organismes ; et maintenant que la vie a été donnée aux atomes de matière et partiellement évoluée en eux, l'œuvre de cet aspect divin se poursuit, mais cachée, au présent stade, et l'évolution actuelle dans son ensemble est accomplie et guidée dès à présent par d'autres aspects de Dieu.

Cette vivification de la matière et sa construction sont parfois indiquées dans la littérature théosophique comme l'ouvrage de la première grande vague de vie dans le système solaire ; de même en effet qu'une vague se déroule, la Vie Divine se propage pour construire les atomes dont le système doit être composé. Le point critique est celui-ci : au cours de sa quintuple évolution la vie s'enveloppe d'un nombre croissant de voiles ; il est dit que Prâna se subdivise en cinq, et en effet il y a cinq types d'atomes, cinq classes de matériaux distinctes, chaque type enveloppant et imprégnant le type qui suit, comme nous l'avons vu dans le *Vishnou Poûrâna* au sujet de la construction des *Tattvas* (il faut bien se souvenir qu'il y a en réalité sept types, dont deux demeurent encore cachés). Une conséquence importante résulte de ce qui précède ; je me propose de la traiter demain, avec plus de détails, mais en voici l'énoncé : Toute forme, étant composée de matière qui renferme cachée en elle la vie involuée, a le pouvoir de se développer jusqu'aux plus hautes possibilités de la vie qu'elle renferme. Les enveloppes s'ajoutent aux enveloppes, afin que toutes, l'une après l'autre, puissent être mises en activité comme véhicules du Soi, — le Soi humain doit subir ce quintuple enveloppement afin qu'il ait des véhicules capables de transmettre toute vibration, soit qu'il l'émette ou la reçoive. À mesure que le caractère de ces vibrations devient de plus en plus subtil, toutes les enveloppes l'une après l'autre entrent en activité et deviennent capables de répondre aux vibrations, elles fournissent à la vie la possibilité de fonctionner extérieurement par leur intermédiaire.

Laissons à demain l'étude détaillée de ce point et passons à la suivante de ces grandes ondes vitales dont nous nous occupons aujourd'hui ; c'est la vie du second aspect de la Divinité, appelé par l'Indouisme « la vie de Vishnou » et par le Christianisme « la vie du Fils de Dieu », par qui toutes choses ont été faites. À mesure que cette vie s'épanche dans l'univers préparé pour la recevoir, à mesure que cette vie commence à agglomérer la matière qui, vivifiée par la première onde vitale, est devenue apte à répondre aux vibrations de la Vie qui organise et qui conserve, cette Vie Divine émane dans les régions supérieures de l'univers des vibrations qui inaugurent la tâche consistant à agglomérer la matière pour en façonner des formes. Au stade primitif, ces formes sont les antétypes de celles qui apparaîtront ultérieurement au cours de l'évolution, non point des formes comme celles que nous désignons par ce mot dans le monde inférieur, non pas des objets concrets susceptibles de donner naissance à des idées concrètes, mais ce que notre intellect s'essaie faiblement encore à atteindre quand nous distinguons dans un grand nombre d'objets concrets leurs qualités caractéristiques communes et quand nous les formulons, abstraction faite des objets eux-mêmes. J'ai parfois pris le triangle comme exemple d'une des idées les plus simples que la pensée puisse former. Vous pouvez avoir des triangles de toute dimension et de toute forme qui sont tous des triangles, pourvu qu'ils soient formés par l'intersection de trois lignes droites. — Quelle est la propriété caractéristique des triangles ? La somme des trois angles formés par l'intersection des trois côtés est égale à deux angles droits. Supposons maintenant que vous possédiez une puissance cérébrale ou, plus particulièrement, la faculté de l'abstraction à un degré suffisant pour pouvoir rendre dix, vingt, trente triangles concrets, pour les retenir dans votre intellect avec la même netteté qui si vous les aviez sous les yeux matériellement figurés, pour créer enfin leurs images mentales, en sorte que chaque forme soit présente à votre esprit, tandis que vous dirigez votre attention sur elles toutes à la fois. De ces multiples objets concrets qui ont pour propriété caractéristique commune « trois lignes droites qui se coupent et forment trois angles dont la somme égale deux angles droits », si vous pouvez extraire l'idée de leur propriété commune en la séparant de tout triangle concret et si vous êtes capable d'en faire *un objet* pour votre conscience, vous vous serez élevé du concret à l'abstrait, vous aurez quelque idée de ce qu'on entend par un « archétype » dans le monde supérieur. Quand Elle évolue un univers, les opérations primordiales de la Divinité sont de cette nature. Elle engendre certains types — ou « archétypes » — et ensuite leur division, leur multiplication forme l'univers des objets concrets tout entier, chacun de ces archétypes est capable d'engendrer des formes innombrables qui reproduisent ses caractères génériques combinés avec une multitude de propriétés secondaires diverses.

Il n'est pas dépourvu d'intérêt de constater que plusieurs hommes de science ont essayé d'atteindre l'unité par-delà la diversité et, dépassant les classifications scientifiques courantes, de discerner les types du règne animal au milieu de l'infinie variété des formes animales. Un des plus célèbres d'entre eux, Sir Richard Owen, a essayé de déterminer un archétype qui contînt toutes les propriétés fondamentales caractéristiques des vertébrés, qui, sans être la reproduction d'aucun vertébré en particulier, réunit tous les attributs communs aux vertébrés en général ; cette tentative était une application de son étude des vertébrés, application qui consista à éliminer les différences spécifiques et à synthétiser en une même forme les propriétés génériques communes à tous les vertébrés. Dans l'évolution, c'est l'inverse en réalité qui s'est produit ; l'archétype émanant de l'Intelligence Divine engendra dans le monde matériel des myriades de types différents en chacun desquels il est lui-même exprimé. » La lueur de génie qui a illuminé l'intelligence de Sir R. Owen est intéressante en ce qu'elle nous montre, commençant à poindre sur la science moderne, un rayon de la conception de l'opération créatrice telle que la décrit votre littérature sacrée ; et, si votre étude est attentive, vous verrez que les formes primitives sont, non pas des objets concrets, mais des pouvoirs générateurs, que ces pouvoirs, issus de Dieu, façonnent des modèles pour les types futurs, chaque type étant rattaché à son antétype, chaque objet concret à son idée abstraite.

Tel était l'enseignement des Grecs, de Pythagore, de Socrate et de Platon ; tel était aussi l'enseignement d'un grand nombre d'Hébreux. Les docteurs de la Kabbale en particulier et les philosophes sont d'accord avec les docteurs hébreux pour déclarer que le monde visible des objets[34] n'eût jamais pu prendre naissance si le monde invisible des Idées[35] ne l'eût précédé, en sorte que les objets répètent dans leur multitude ce qu'une Idée présente en unité. Cette Idée émane de Dieu et attire à soi la matière subtile, — elle produit ainsi les types des formes qui devront ensuite atteindre leur achèvement au cours de l'évolution. Ceux d'entre vous qui ont étudié cet ouvrage doivent se rappeler que, d'après *la Doctrine Secrète* de Mme Blavatsky, le monde des archétypes fut créé le premier et que l'évolution tout entière des mondes inférieurs en dépend. Ce monde est composé d'*Akâsha* qui contient en soi, nous dit-on, la possibilité de toutes formes, et les Idées qu'il renferme sont reprises et reproduites en plus grand détail par le Constructeur avec la matière d'*Agni* qui correspond à *Akâsha*.

La vie entre en évolution par le fait des modifications de conscience déterminées par *Ishvara*, les modifications de la conscience d'*Ishvara* étant anté-

---

34   *Le Quatrième monde*, Assiah.
35   *Le Troisième monde*, Yetzirah.

rieures au moulage des formes. À mesure que l'onde vitale descend à travers des couches de matière de plus en plus denses, elle l'agrège en formes de plus en plus distinctes dont la nature augmente de densité jusqu'à ce qu'enfin, ayant traversé tous les règnes l'un après l'autre, elle ait atteint les formes minérales, formes en qui la vie est au plus haut point restreinte dans son opération et la conscience limitée dans son étendue. Tel est le processus de l'involution de la vie dans la matière, l'arc descendant ; — à partir de ce point, le plus bas de son évolution totale, la vie s'élève en évoluant sans cesse davantage de ses pouvoirs. C'est là le point où commence ce à quoi la science occidentale limite sa notion de l'« évolution », le processus préliminaire étant ignoré ou passé sous silence.

Comment cette Vie et cette Conscience Divines ont-elles évolué dans la vie à l'état de germe le pouvoir de répondre, au cours des premiers stades ascendants de l'évolution ? La vie enclose dans la pierre a le pouvoir de répondre, mais d'une manière extrêmement limitée, en partie à cause de son état de germe, en partie à cause de la rigidité du véhicule qui l'enveloppe. Aussi la vie ambiante de Vishnou qui alimente ce germe vient-elle aussitôt le stimuler par des impacts de l'extérieur et modifier graduellement sa rigidité, de manière à rendre le progrès possible.

Longtemps, bien longtemps, la vie demeure emprisonnée dans cette gaine raide, agissant du dedans vers l'extérieur comme agit toute vie, s'exerçant activement sur sa matière et amollissant ainsi sa rigidité, augmentant peu à peu la plasticité de la forme, c'est-à-dire sa faculté de répondre. En somme nous pouvons résumer le jeu de la vie en ceci : elle reçoit du dehors les vibrations de la matière et leur répond du dedans par les vibrations qu'elle émet. Remarquez combien les chocs sont formidables au cours des premiers stades ! Si vous retournez aux temps où le monde n'abritait pas encore une humanité, vous verrez combien gigantesques étaient les opérations de la nature représentée alors par des formes minérales seulement : tremblements de terre, éruptions, écrasement et broiement de matériaux, désintégration et reconstruction, le tout sur une échelle formidable, vraiment gigantesque, et, sous tous ces phénomènes, la vie cherchant à rendre la matière plus plastique, plus apte à répondre plus promptement ; et puisque, partout où il y a vie, il y a « conscience », c'est-à-dire pouvoir de répondre, ce pouvoir est développé en elle, stimulé par la vie ambiante d'*Ishvara*. *Ishvara* habite intérieurement, enveloppe et pénètre toutes choses ; sa chaleur nourricière donne à la semence de vie expansion et croissance, et lui permet de devenir enfin un centre indépendant. C'est ainsi que nous voyons la vie enclose dans la pierre se mettre à vibrer avec plus d'intensité à mesure que se répètent ces chocs formidables qui lui viennent du dehors : les masses sont précipitées contre les masses, les montagnes s'entassent sur les montagnes, jusqu'à ce qu'à la fin ces substances minérales acquièrent un pouvoir plus étendu de transmettre les impacts à la vie intérieure ; l'impulsion transmise augmente à mesure que décroît la résistance opposée par la forme ; la vie commence dès lors à répondre plus activement, elle entre en évolution et développe d'une manière mieux déterminée le pouvoir de répondre. Tandis que ce processus se répète et se répète encore, la vie confinée dans les minéraux commence à vibrer avec une rapidité croissante, la matière y participe avec une facilité qui va sans cesse en augmentant, jusqu'à ce qu'elle ait atteint un degré tel de plasticité que le règne végétal puisse prendre naissance et apparaître dans ses plus élémentaires spécimens. Dans les espèces inférieures, la science ne peut tracer de ligne bien définie qui sépare les plantes des minéraux. L'absence de démarcations bien définies dans la nature est même un fait si général qu'on a reconnu un règne distinct renfermant tout à la fois les types inférieurs de végétaux et d'animaux et qu'entre les règnes minéral et végétal on a aménagé une classe mixte dans laquelle le cristal rigide, qui appartient au monde minéral, est devenu le cristalloïde plastique, qui rentre dans le règne végétal, qui conserve l'aspect extérieur de la forme minérale, mais qui présente en même temps la plasticité du végétal et qui par-là se prête beaucoup plus aisément à l'influence de la vie interne, tendant à la façonner. La vie, confinée dans cette matière plus plastique, reçoit plus facilement les vibrations de l'extérieur et répond avec plus d'intensité jusqu'à ce qu'un moment vienne, au cours de cette ascension qui débute, où elle manifeste les premiers rudiments de la faculté de conscience qui était absente dans le minéral ; nous les appelons « sensation », le pouvoir d'éprouver le plaisir et la peine, le pouvoir de répondre à l'impression venant de l'extérieur par une sensation de la vie interne.

Après que la vie a développé durant le stade minéral le pouvoir de répondre, le stade suivant de l'évolution commence et dès lors la réponse comporte les sensations de plaisir et de peine qui apparaissent comme les expressions distinctes par lesquelles la vie répond aux impressions harmonieuses ou discordantes de l'extérieur. Quand la vie commence à développer le pouvoir de la sensation ou « irritabilité », le progrès s'accélère, le règne animal s'édifie graduellement ; — l'irritabilité, sa grande caractéristique se développe de plus en plus, — jusqu'à ce que les formes animales ayant acquis la plasticité au cours des âges sous l'impulsion de la vie, la vie ayant manifesté et développé le pouvoir de répondre par le plaisir et la peine aux vibrations harmonieuses ou discordantes, — le stade suivant puisse à son tour être atteint, à savoir l'édification du *véhicule humain*.

Par sa nature, par certaines de ses caractéristiques fondamentales, le corps physique dans lequel l'homme habite ressemble exactement aux corps d'animaux que la vie avait vivifiés avant que l'homme n'existât. « L'Éternel Dieu avait formé l'homme de la poussière du sol », disent les écritures hébraïques. — C'est une manière symbolique le dire que les mêmes matériaux qui composaient les formes inférieures de vie furent également employés pour façonner l'enveloppe extérieure de ce vaisseau destiné à recevoir le nouvel afflux de vie divine qui forma le Soi humain ou Esprit.

— L'étude de l'occultisme nous enseigne que ce troisième afflux de vie divine ne provient ni du troisième, ni du deuxième, mais du premier Logos, appelé pour cette raison Mahâdéva, le grand Dieu, l'Être Suprême ; c'est de Lui que vient la troisième impulsion qui doit achever l'évolution, la troisième effusion de vie qui à notre époque ne peut accomplir son évolution finale que par des méthodes de Yoga. Aussi Mahâdéva est-il souvent représenté comme le grand Yogi, le grand

Gourou, dont la haute direction est indispensable pour atteindre le degré suprême de l'évolution. Quand le troisième afflux de force vitale descend, quand le Soi humain est projeté dans le tabernacle qu'il doit occuper, le processus précédemment étudié se répète à nouveau : c'est le germe seulement de la vie supérieure qui est donné, et non cette vie à son état de complet développement. Elle est enveloppée de véhicules aptes à *répondre ;* elle est enveloppée de véhicules capables d'un plus haut développement encore, capables déjà d'exprimer, par des vibrations, les sensations qui s'éveillent dans la vie qu'ils enclosent, — et désormais, ce germe du Soi Divin, environné par la vie de Vishnou, commence à frémir et à vivre en tant qu'homme.

Au début, c'est à peine s'il répond aux impacts de la vie extérieure : mais quelles sont les caractéristiques de ce Soi-enfant ? De cette étincelle du Feu éternel ? Dans l'homme, comme en Dieu Lui-même, la vie se présente sous un triple aspect ; en Brahman nous appelons ces trois aspects : *Sat, Chit* et *Ananda.* Or, si nous analysons le Soi humain, nous y rencontrerons ces trois mêmes aspects également présents : le premier qui se développe, dans l'homme comme dans le Kosmos, est Chit, la Connaissance ; l'évolution de l'intelligence intéresse tous les premiers stades de l'évolution humaine, c'est la tâche présente au point où nous en sommes du grand pèlerinage ; nous évoluons l'intelligence, l'intellect, et, si nous le suivons dans ses stades de développement, depuis l'époque où, simple germe, il ne faisait qu'apparaître dans les races primitives de l'humanité de notre globe où les grands Êtres venus des autres mondes vers nous en qualité d'Instructeurs protégeaient son éclosion, nous constaterons que l'intellect naissant dans l'homme ne répondait que bien faiblement aux impressions de l'extérieur et que l'intelligence ne faisait au début nul effort sans être stimulée par l'incitation de la nature animale, par l'aiguillon du désir, par les passions qui appartiennent à la partie animale de son être. Considérez un sauvage : quand est-il actif ? Quand quelque désir animal s'éveille en lui et seulement alors ; s'il a faim, oui, sans doute il commence à penser : « Où pourrai-je bien trouver de la nourriture ? » — S'il a soif, il se demandera : « Où vais-je trouver à boire ? » Que sa nature animale vienne à l'inciter et l'intelligence qui point en lui s'applique aussitôt à le satisfaire ; toute incitation du désir animal joue le rôle d'un stimulant sur cet intellect en germe. À ce stade, il ne connaît d'ailleurs ni bien, ni mal ; bien et mal n'existent pas pour lui ; la faim, la soif, le désir sexuel, le sommeil, voilà tout ce qui remplit sa vie, tout ce qui émeut sa conscience naissante ; ces excitants sont seuls assez puissants pour la contrainte à l'activité, mais elle est encore incapable d'une activité spontanée dont l'origine soit tout interne. Tandis que ces excitants s'exercent sur la conscience de vie en vie, d'incarnation en incarnation, de siècle en siècle, au cours des naissances successives de cette Vie, germe encore frêle, mais qui croît sans cesse, tandis que ces vibrations excitent continuellement et éveillent la vie de l'intelligence, troisième aspect du Soi, ces vibrations, répétées des milliers et des milliers de fois, produisent par le fait même de leur répétition une tendance interne à les répéter sans l'intervention du stimulant extérieur.

Nous en voyons la preuve dans le sauvage parvenu au stade suivant de l'évolution intellectuelle; il n'attend pas la faim pour se mettre en quête de nourriture; la souvenance de la faim et de la nourriture suffit pour qu'il parte, avant d'éprouver aucune faim, à la recherche des aliments qui demain lui seront nécessaires pour satisfaire les besoins de son corps. Si minime qu'elle paraisse, quelle transformation profonde c'est là pourtant, à la bien considérer! Cet homme est stimulé, non plus seulement par des impulsions venues de sa nature animale, mais par une image mentale, par une image qui représente, en les rapprochant, l'état pénible du corps qui réclame sa nourriture et l'aliment qui transforme cet état en un état de satisfaction. En un mot, il est maintenant apte à former des images mentales qui, à leur tour, suffisent à le déterminer à l'activité. Quel changement ! Ce n'est rien moins que le déplacement de son centre de conscience transporté de l'animal dans l'homme, une des transformations les plus significatives dans l'évolution de la vie ; désormais il n'attend plus pour agir la poussée du dehors ; l'origine de son activité est intérieure ; au lieu de l'impact qui venait de dehors jusqu'au centre, le corps obéit à l'impulsion issue du centre. Dès lors l'évolution s'accélère, car l'intellect commence à se connaître soi-même ; la Soi-Conscience s'éveille aussitôt que s'est accompli ce grand changement, l'un des plus difficiles qui soient ; l'être distingue son Soi, centre qui pense, des objets extérieurs, objets de sa pensée ; la conception du « Soi » et du « Non-Soi » s'éveille, le centre commence à se former et à devenir capable de développement.

Comment ce développement progressera-t-il ? Par le conflit. C'est la caractéristique en effet de l'intellect. Il lui appartient de faire du Soi un centre puissant, un centre *séparé*, sinon toute évolution ultérieure deviendrait impossible. Un tel progrès vous semble peut-être rétrograde, mais il ne l'est nullement ; ce Soi est le germe d'un nouveau centre de vie où la Divinité elle-même se développera quand l'évolution sera complète ; il faut qu'il devienne un centre de conscience nettement défini ou sinon comment pourrait-il progresser vers la perfection ? C'est par la lutte que ce centre peut s'accroître. La force dans toutes ses manifestations s'acquiert par la lutte, par un exercice approprié ; si vous voulez des bras vigoureux, il ne vous servira de rien de vous étendre sur un sofa et d'attendre que vos muscles se fortifient par le seul effet de la nourriture que vous leur donnez ; ils demandent plus que la nourriture, il leur faut de l'exercice ; c'est une des lois du développement de toutes les formes, il faut qu'elles aspirent activement la vie pour pouvoir s'étendre et devenir capables de recevoir une impulsion vitale nouvelle. Pour qu'un muscle se développe, les cellules qui le composent doivent se distendre par l'exercice, la vie doit affluer ensuite dans les cellules élargies et, alors seulement, ces cellules deviennent susceptibles de se multiplier, de telle sorte que plusieurs cellules apparaissent là où il s'en trouvait seulement une précédemment. La différence entre l'homme faible et l'homme fort, entre le malingre et l'athlète est le résultat produit par l'exercice et la lutte en surmontant les résistances, en soulevant des poids, en les faisant tournoyer, — en un mot, en imposant aux muscles la lutte contre la résistance de leur pesanteur. Cette image donne une idée du mode d'action de la vie pour le développement des formes ; l'impulsion de la vie procure à la forme l'exercice indispensable ; l'exercice rend la forme plastique, il l'accroît et lui permet ainsi de recevoir plus abondamment l'afflux de la vie. Cette notion est aussi vraie pour le monde mental que pour le monde physique, car l'un et l'autre sont des mondes de phénomènes ; le monde mental n'est pas le monde de l'Unité, sa caractéristique est la diversité, chaque être existe isolément par soi-même, envisageant les autres comme distincts de lui. Je prends connaissance d'un objet. Comment ? Par ses différences avec certains objets et sa similitude avec d'autres ; sans ces deux éléments de comparaison, je ne pourrais le connaître. Vous ne sauriez concevoir l'unité avant d'avoir vu la variété ; vous ne pouvez reconnaître la similitude, si vous n'avez aperçu la dissemblance. Le fait caractéristique de l'évolution intellectuelle est le discernement des différences spécifiques suivi de la reconnaissance des ressemblances génériques. C'est ainsi que l'intellect reconnaît un objet après l'autre, notant pour chacun ses traits caractéristiques. L'analyse précède la synthèse ; l'esprit saisit les différences avant de reconnaître l'unité profonde qu'elles dissimulent. À mesure que cette intelligence se développe, nous constatons que la distinction du Soi et du Non-Soi suscite la lutte universelle, lutte sociale aussi bien que lutte mentale. Dans toute race où l'intellect commence à dépasser les stades primitifs, la lutte contre l'extérieur est indispensable pour stimuler l'évolution interne, c'est un stade nécessaire quoique passager ; il ne faut pas nous en désoler, nous qui voyons sa fin et qui savons le monde guidé par les Dieux. Chacun des stades que traverse une nation est nécessaire à son développement ; nul ne devrait le condamner pour le seul fait qu'il constitue une condition limitée, imparfaite ; dans la politique pratique, de telles condamnations sont utiles en tant qu'elles stimulent, qu'elles préparent les transformations évolutives, mais le philosophe doit chercher à comprendre et, comprenant, il ne saurait juger. La lutte la plus effroyable que nous puissions voir, la plus terrible pauvreté, la plus cruelle misère, la lutte homme contre homme et nation contre nation, ce sont là autant d'agents du plan divin qui nous mènent à une plus riche unité que nous n'eussions jamais pu atteindre sans eux.

Prenons pour exemple la plus désolante en apparence de ces calamités, la guerre. Quoi de plus inhumain, de plus brutal et de plus horrible que la guerre qui excite les passions les plus forcenées de l'homme et le rend pareil à une bête féroce ? Soit, mais est-ce bien là tout ? Examinons la vie intérieure d'un soldat évoluée par la terrible discipline extérieure du métier militaire : cette *vie*, qu'apprend-elle, tandis que ses véhicules sont exposés aux luttes, à l'effusion du sang, à la mutilation et à la mort ? Elle apprend des leçons qu'elle n'eût jamais apprises sans cette dure expérience, des leçons sans lesquelles son évolution eût été contrariée ou empêchée de se poursuivre ; elle apprend qu'il est quelque chose de plus grand que le corps, quelque chose de plus grand que l'existence physique, quelque chose de plus haut, dé plus noble et de plus impérieux que le souci de préserver le véhicule physique de toute atteinte et même de la mort. Et le plus pauvre soldat qui part en campagne et qui passe d'une souffrance à l'autre, qui subit tour à tour le froid glacial et l'accablante chaleur, qui plonge dans une rivière glacée ou qui s'exténue dans les sables du désert, qui apprend à observer pourtant une exacte discipline au milieu de toutes ces épreuves, à garder sa bonne humeur au milieu de toutes les privations pour ne pas déprimer le moral de ses camarades, qui, insensible à l'idée des souffrances physiques, s'enflamme à la pensée du renom glorieux de son régiment et de la défense du pays qu'il sert, cet homme qui apprend de la sorte à se sacrifier à un idéal développe ainsi des qualités d'un prix inestimable pour ses incarnations futures. Est-il besoin de développer ce point pour vous qui connaissez la place du Kshattriya dans l'évolution humaine ? Quand Il décrivait les différentes castes, *Manu* en indiqua-t-il une seule qui n'eût sa place dans l'évolution de la vie, qui n'eût rien à enseigner ? N'a-t-il pas enseigné que l'homme revient habiter un corps de Kshattriya jusqu'à ce qu'il ait appris que sa vie est indépendante du corps, que sa vie doit être mise au service d'un idéal, au service de la Mère-patrie qui lui a donné naissance, au service du roi qui le régit et qui représente à ses yeux ce qu'un roi devrait représenter aux yeux de tout Indou, un avatar de Dieu. Nourri de ces enseignements, l'homme apprenait jadis que quand son roi l'appelait au combat, il devait sans hésitation exposer son corps à la mutilation, à la mort même, parce que dans son for intérieur il reconnaissait dans le service d'un idéal le moyen d'évoluer la vie réelle et il voyait dans le corps un simple vêtement qu'il faut abandonner quand le devoir l'exige. Nul ne pouvait être Brahmane sans cet enseignement préliminaire, nul ne pouvait pénétrer dans la caste des Brahmanes sans avoir au préalable subi cette discipline dans les rangs des Kshattriyas ; en effet, avant d'avoir appris que la vie est tout et la forme rien (et c'est la leçon qu'enseigne la guerre quand elle est vraiment comprise), avant d'avoir reçu cet enseignement, nul n'était suffisamment préparé pour un degré d'évolution de la vie incomparablement plus dur encore, pour cette évolution qui consiste à saisir l'unité sous la diversité, l'amour sous l'antagonisme, à être ami de toute créature et hostile envers aucune.

Quand l'intelligence a atteint un degré de développement passablement élevé, les germes de l'aspect suivant de la Divinité commencent à poindre dans l'homme ; cet aspect est Ananda, Joie ou Béatitude ! En quoi consiste réellement Ananda ? Ananda désigne le rapprochement des objets séparés et leur réunion en UN; et c'est l'essence même de la Béatitude, le cœur et l'âme du stade suivant. Ananda est ce qu'aux jours anciens de l'Indouisme on appelait la vie du Brahmane, quand ceux qui portaient ce titre étaient véritablement des Brahmanes à qui la roue des morts et des renaissances ne réservait plus aucune réincarnation. Dans la symbologie chrétienne, le même stade est appelé le stade du Christ, le stade de la Filiation Divine, et vous verrez en effet que, dans une de ses grandes prières, Jésus appelé Christ priant pour Ses disciples demandait « qu'ils soient Un en Moi », en union les uns avec les autres et avec Lui-même. Il y a une unité plus haute encore, l'unité du Fils avec le Père, unité de nature et non pas union d'éléments précédemment séparés, mais, pour que cette unité lui devienne accessible, l'homme doit d'abord avoir bien compris son union avec les hommes ses frères, l'humanité doit lui être apparue comme un tout uni, au lieu de fragments éparpillés ; en un mot, il doit avoir transporté le centre de sa conscience, — qui répond aux impacts de l'extérieur,

— l'avoir transposé des véhicules où l'intellect et les sensations ont été développés dans la vie elle-même, qui est une et identique dans tous. Il faut qu'il cesse désormais de se concevoir comme séparé, puisque son « Soi », la personnalité distincte en lui, doit être surpassée, immergée dans l'aspect unifiant de Dieu, Vishnou ou le Christ ; cet aspect doit être développé au point de devenir la vie même de l'homme, avec toute sa merveilleuse beauté, sa puissance et sa force unifiante. C'est pourquoi Shrî Krishna vint comme avatar dans le monde oriental pour manifester la vie d'Amour, car la vie d'Ananda ou de Béatitude est toujours la vie de l'Amour et c'est par l'Amour seul que nous pouvons l'évoluer en nous-mêmes. L'aspect de Dieu, qui est Béatitude, se manifeste en tant qu'Amour et, dans ses paroles comme dans ses actions, dans ses similitudes et dans ses paraboles, le Bien-aimé, l'Ami de l'homme a révélé cet aspect divin au cœur de Ses Bhaktas avides de le recevoir. C'était spécialement Son œuvre de manifester l'amour tout-puissant de Dieu ; il faut qu'il soit développé en nous pour que la vie puisse entreprendre le développement sublime qui réunit tous les « Soi » dans le « SOI » Unique et qui aperçoit toute vie en Lui.

À ce stade de l'évolution, le « Soi » se connaît en tant que « la Vie », il n'est plus victime de l'ignorance qui le faisait s'identifier avec sa Forme : c'est désormais la vie qui se connaît en tant que la *Vie*. Quand la vie en cours d'évolution atteint ce degré, l'homme, autrefois séparé, devient « l'Humanité », il est désormais un des Sauveurs du monde ; rien ne lui est étranger, rien n'est séparé de lui ; il demeure dans la Vie même et répand sa lumière dans toutes les directions, dans tout Oupâdhi (vaisseau) qui peut avoir besoin d'elle ; ses pouvoirs affluent aussitôt partout où son aide est désirée ou invoquée. Comme le soleil resplendit aux cieux et peut illuminer des millions de demeures, pourvu qu'elles s'ouvrent et donnent accès aux rayons qu'il prodigue inépuisablement, tel est l'homme qui est devenu le second aspect de la Divinité, en qui est révélée la perfection de la Filiation Divine. L'Homme qui est devenu Fils du Dieu du Ciel est au-dessus de toutes les distinctions qui se rencontrent sur Terre, Il emplit de Son rayonnement les cœurs qui aspirent vers Lui ; la seule condition, pour qu'Il daigne le faire, la seule chose qui assure Sa venue, c'est que Son frère Lui ouvre son cœur pour Le recevoir, car Il ne veut pas Se frayer Son chemin de vive force, Il ne veut venir que là où il est le bienvenu. Ainsi cet aspect supérieur de la vie de Dieu se manifeste dans l'homme qui est devenu le Sauveur, le Fils, l'Initié, comme un amour plein d'une profonde compassion pour tous les êtres ;

chaque homme qui atteint ce stade constitue une force nouvelle appliquée à élever l'humanité, chaque homme qui développe en lui cet aspect de la vie est une force qui s'ajoute à toutes celles qui font tendre l'évolution plus haut. Si un homme est faible, Sa vie peut aller à lui pour le fortifier ; si un homme est dans la peine, Sa vie peut aller à lui pour lui donner la joie ; si un homme est pécheur, Sa vie peut aller à lui pour le purifier. Il dit à tous les hommes :

« Partout où se trouve un homme, J'irai au-devant de lui et Je l'accueillerai. »

Tel est Shrî Krishna en manifestation, tel est l'amour qui rayonne de l'aspect de Béatitude du Soi humain.

Il ne reste plus qu'un degré d'évolution, le dernier, à franchir pour cette vie dont le perfectionnement est désormais rapide. Je reprends mon symbole chrétien et je hasarde à nouveau ma citation... « Qu'ils soient en Nous, comme Toi, Père, Tu es en Moi, et Moi en Toi. » Le Fils devient en fait ce qu'Il a toujours été potentiellement, « un avec le Père ». Il entre dans le royaume sublime de l'Être en Soi où Dieu, suivant l'expression chrétienne, est « tout en tout ». Prenez garde que les formes étroites sous lesquelles le christianisme peut vous être présenté ici même ne vous cèlent l'identité fondamentale d'un christianisme plus profond et plus spirituel avec la religion antique de votre race[36]. Est-ce que ces petitesses ou même des divergences extérieures sépareront ceux que l'Esprit vivant voudrait réunir ?

Nous apprenons dans les Écritures indoues qu'après avoir atteint le second stade, l'homme progresse au moyen du Yoga, jusqu'à ce qu'il atteigne le dernier et devienne un avec la Divinité, dans la Toute-Puissance de l'Être en Soi Éternel. C'est parce qu'il connaissait cette vérité occulte trop généralement

---

36   Nous lisons dans *le Matin* du 14 août 1901, *Tolstoï et les Indous*.
— « Léon Tolstoï vient de communiquer à la presse russe le contenu d'une lettre d'un Indou. D'après cet écrit fort intéressant, les Indous trouvent beaucoup d'analogies entre leur façon d'envisager le monde et celle de Tolstoï. Ce qui, cependant, à côté des idées principales du grand écrivain, les intéresse le plus, c'est « sa diagnose du mal dont souffre l'Europe au point de vue social et politique, ce mal siégeant tout entier dans la contradiction entre les actions de la vie privée et publique et les principes de la doctrine chrétienne. Non seulement l'Europe souffre de ce mal, mais aussi tous les pays en contact avec la civilisation européenne. Les Indous saluent avec enthousiasme la noble et vigoureuse action de Tolstoï dans le bût de revivifier la vraie morale chrétienne, car les Indous instruits en savent beaucoup plus long sur le vrai christianisme que les missionnaires.

« Le correspondant de Tolstoï ajoute que les Indous ne croient pas aux succès d'une implantation artificielle de la civilisation dans l'Inde, mais qu'ils espèrent qu'un temps viendra où la seule force ne sera plus le moment décisif dans la vie des nations, et qu'alors sur la base du vrai christianisme, une coopération pacifique des Indous avec les Européens se réalisera. La vraie doctrine du Christ ne diffère en rien de la foi et de la philosophie des Indous. Un vrai chrétien, à beaucoup de points de vue, est un Indou, et un vrai Indou est dans son être psychique un chrétien. C'est l'opinion de tous les Indous instruits. »

« Ce qui est intéressant, c'est que Tolstoï approuve pleinement les vues de son admirateur oriental. »

ignorée que votre compatriote Svâmi T. Subba Rao parlait, comme je vous l'ai rappelé précédemment, des innombrables Centres ou Logoï contenus dans l'Être Unique, Centres dont chacun pourrait être l'origine d'un nouvel univers, d'une nouvelle effusion de vie. La construction de ces centres est un des buts de l'évolution de la vie ; leur construction progressive, degré par degré, s'effectue à mesure que la vie passe de forme en forme, et il n'y a pas de fin, il n'y en aura jamais, dans le déroulement infini des séries à venir. Nous ne saurions dire ce que cette vie tient en réserve pour nous ; comment pourrions-nous imaginer ces lointaines contrées, un but si reculé ? Mais ce que nous savons, le voici : la Volonté de l'Éternel ne saurait être déjouée, nul de Ses desseins n'avorte, ni ne manque son but ; — certes, nos faibles yeux sont aveuglés par l'éblouissante clarté au milieu de laquelle nous apparaît notre unité avec le Père Éternel, cette unité qui surpasse tous nos rêves. Mais quand nous connaîtrons que nous sommes un avec Lui, il nous suffira de savoir qu'à son terme l'évolution de toutes vies les mène à cette inconcevable splendeur, connue d'*Ishvara* seul qui épanche Sa vie afin que nous puissions la connaître nous aussi ! Et Mahâdéva retournera à lui avec tous les centres auxquels Sa vie a donné naissance, avec toutes les vies nouvelles, toutes les joies produites par Son confinement dans Son Univers, et cela suffit à nous donner l'espérance, — l'espérance ? Quel trop faible mot ! — la joie inexprimable et la certitude fondées sur la Vie même de Dieu. N'est-il pas en effet la Vérité, la Fondation de l'univers ? Et, quand nous entrerons dans Sat, nous connaîtrons le futur comme nous voyons le passé, car nous ne serons pas seulement immortels, mais Éternels !

QUATRIÈME CONFÉRENCE

ÉVOLUTION DE LA FORME

Nous allons tourner maintenant notre attention vers le côté phénoménal de l'univers, c'est-à-dire vers l'ensemble d'apparences variées, visibles ou non pour l'œil physique, qui nous environnent, car nous devons nous souvenir qu'en principe, les formes se retrouvent à tous les stades de l'univers manifesté et que, quand on emploie cette expression « le monde sans formes », le qualificatif « sans formes » est exact, mais seulement par rapport aux mondes inférieurs à celui auquel il s'applique. Tous les mondes supérieurs sont en effet « sans formes » quand ils sont regardés d'en bas, c'est-à-dire avec les organes appropriés à la perception dans les mondes inférieurs ; mais pour quiconque a développé en soi la faculté de répondre aux vibrations de tous les mondes de manifestation, chacun de ceux-ci apparaît comme peuplé de formes et non pas comme dépourvu de formes. Partout « manifestation » implique forme, quelque subtile que soit la matière dont elle se compose d'ailleurs ; vous devez vous rappeler ce que dit le *Vishnou Purâna :* « La caractéristique unique, toujours présente, de la matière est l'extensibilité, c'est-à-dire la capacité de prendre forme, de se fixer suivant un contour déterminé. »

Avant que nous entrions dans les détails de l'évolution, je vous demanderai de garder présents à l'esprit un ou deux grands principes indispensables, car nous ne parviendrons jamais à nous orienter au milieu de la complexité des détails, si nous les envisageons comme une série de détails isolés. Il est nécessaire de les répartir entre un certain nombre de principes fondamentaux et ensuite, quand ces principes seront clairement arrêtés dans notre esprit, nous pourrons aisément rapporter, en quelque sorte, par la pensée chaque détail dans sa case propre.

Nous n'aurons aucunement à revenir ce matin sur la triple division de la vie en cours d'évolution, le sujet si complexe que j'ai traité hier. Pour notre tâche présente, nous pouvons considérer la vie comme une unité, appeler la Vie Divine « *Ishvara* » — et la réflexion de cette Vie dans l'homme, le « Soi ». Nous nous en tiendrons donc à ces deux termes pour évi-

IV. — ÉVOLUTION DE LA FORME

ter toute confusion : « *Ishvara* » pour la Vie Divine, source de l'évolution ; et « Soi » pour la vie humaine, qui graduellement évolue. Sans reprendre aucune des subdivisions que nous avons eues à examiner hier à propos de la vie, la distinction de ces deux termes nous est toutefois indispensable, afin de voir comment les formes sont moulées et, si je puis dire, à quel principe nous devons reporter leurs modifications spéciales.

La seconde idée dont nous devons nous pénétrer est la distinction des fonctions respectives de ces sources de vie : l'une, agissant à travers la totalité du Kosmos et par suite atteignant l'homme comme part de ce Kosmos ; l'autre, agissant dans l'homme en tant qu'individu, au cours des premiers stades, puis dépassant à la fin l'individualité.

La vie grandiose d'*Ishvara*, quand elle s'épanche pour édifier l'univers des formes, s'exprime, comme nous l'avons vu, par une certaine série de vibrations, et chaque modification d'une forme est le résultat d'une impulsion transmise, au moyen de vibrations, par la vie qui intérieurement la vivifie. Ce qui nous frappe le plus dans cette manifestation d'*Ishvara*, c'est l'indicible patience qui y préside : nous sommes impatients de voir les effets ; Lui, jamais. Nous sommes impatients de voir les effets, parce que, limités par le temps, nous désirons ardemment assister au résultat de nos actions; Lui, qui est éternel, est ineffablement patient: Il s'attache à obtenir la perfection, indifférent à la durée du temps qu'elle prendra à évoluer! Cette patience est absolument nécessaire pour l'évolution des formes; si nous y réfléchissons bien, nous voyons que toute impatience dans l'évolution des formes entraînerait leur rupture prématurée, la forme est relativement rigide en effet, en comparaison avec la vie; si la vie vibre avec une trop grande rapidité pour la forme qu'elle a tâche d'évoluer, celle-ci volera en éclats sous l'effort de ces vibrations. Laissez-moi vous donner un exemple très ordinaire pour vous montrer ce que je veux dire : un tube de verre, un simple verre de lampe, si vous voulez, vibre en donnant une certaine note; si cette même note est produite à proximité du verre de lampe, vous entendrez résonner à la fois la note émise indépendamment du verre et cette même note reproduite par le verre; possédant en lui la propriété de donner la même vibration, le verre a vibré en réponse aux vibrations du son, émis et a reproduit la même note. Si vous augmentez l'intensité de cette note, si, reproduisant les mêmes vibrations avec une force croissante, vous dépassez les limites dans lesquelles le verre peut répondre, votre verre éclatera en pièces, brisé par l'effort qu'il a fait pour répondre aux vibrations au-delà de sa limite d'élasticité.

Ce n'est là qu'une simple image, mais elle n'est pas moins exacte pour chacun des mondes de formes. Si *Ishvara* émettait des vibrations trop rapides ou trop subtiles pour que les formes qu'Il vivifie puissent y répondre, ces formes seraient mises en pièces et leur évolution serait interrompue; il faudrait alors que la nature recommence à construire des formes similaires, pour atteindre de nouveau le point qu'elle avait déjà atteint précédemment. Cette patience d'*Ishvara* est la première chose qui nous frappe, quand nous étudions l'évolution des formes. Combien les changements sont lents et les modifications graduelles! Combien de milliers de formes sont successivement assumées pour mener à bien l'évolution de chaque vie! De l'une à l'autre, quels changements infimes, presque imperceptibles, bien que si considérables cependant, quand on les envisage en masse! — C'est là le premier principe à retenir.

Un autre principe important est l'action double, l'action parallèle d'*Ishvara* et du Soi qui évolue. *Ishvara* est présent dans le Soi de l'homme qui est formé en Lui; dans les stades primitifs, chaque impulsion évolutive provient directement de la vie d'*Ishvara* et, à mesure qu'Il façonne extérieurement la forme, Il fortifie graduellement le centre qu'Il édifie à l'intérieur. Son but est de faire ce centre à Son image, de l'amener à se suffire à soi-même, mais il faut d'énormes périodes de temps pour cette construction. À mesure qu'Il façonne les formes, Il édifie le centre ; à mesure qu'Il l'édifie, à mesure que ce centre devient de plus en plus actif et apte à répondre aux vibrations qu'Il lui transmet du monde extérieur, il commence à manifester quelque peu d'activité de lui-même et à émettre les vibrations pour son propre compte, si je puis dire. Plus cette double action s'exerce dans la forme, plus ce centre en voie d'évolution augmente son contrôle sur la forme dans laquelle il évolue. À mesure que ce pouvoir de contrôle se développe et croit, Il retire de plus en plus l'énergie directrice qu'Il imprimait en tant qu'*Ishvara* ; l'énergie puisée en Lui commence dès lors à agir quasi indépendamment dans le centre séparé qu'Il a construit, jusqu'à ce que ce centre Le reflète Lui-même à la fin et atteigne l'existence en soi par la vie même qu'il a tirée de Lui.

Si cette conception est quelque peu abstraite, laissez-moi vous la présenter à nouveau sous une forme concrète ; il est un symbole que les sages ont continuellement repris pour exprimer cette merveille, la vie maternelle d'*Ishvara* façonnant une image de Lui-même et donnant à cette image la possibilité de la vie indépendante : c'est le symbole de la mère qui porte son enfant dans son sein. Aussi longtemps que la vie de la mère passe à l'enfant qui se forme en elle, transmettant à cette forme nouvelle tous les aliments nécessaires à sa vie en formation, la vie tout entière de l'enfant dépend de celle de la mère, et le courant vital qui l'alimente est prélevé sur sa propre vie à elle. La construction se poursuit, se poursuit sans cesse, jusqu'à ce que le nouveau centre de vie se soit affermi, mais, tant que ce centre ne peut se soutenir par lui-même au sein des vibrations du monde extérieur, il n'est pas donné à la forme nouvelle, avec la vie qui l'anime, d'entreprendre sa carrière indépendante. La vie d'*Ishvara*, maternelle, nourricière, enveloppe de même les enfants de Son amour, Il les alimente pareillement, Il les édifie lentement en Lui-Même à travers le cours des âges, jusqu'à ce qu'ils soient capables de maintenir leur propre centre dans la vie sans limites de l'Être Unique et Suprême. — C'est là un second principe dont il sera bon de vous souvenir sans cesse, au milieu des détails de l'évolution de la forme.

Voici enfin un troisième principe, qui se subdivise en deux, et l'exposé de nos principes fondamentaux sera suffisamment complet : il y a trois aspects, nous nous en souvenons, que le Soi doit développer à mesure qu'il évolue. À cette notion, nous devons joindre la compréhension de la nature de ces aspects, quand ils sont extériorisés, car hier, faute de temps, nous n'avons pas déterminé avec toute la précision désirable la caractéristique extérieure de chaque aspect de vie. Comme ces aspects modifient l'évolution des formes, la forme ne peut être comprise, avant que n'aient été comprises ses relations avec les aspects de la vie.

Nous savons déjà que l'homme est appelé à manifester Connaissance, Béatitude et Être. Quand l'évolution atteindra des stades ultérieurs, ces attributs apparaîtront, en tant que pouvoirs ou facultés, dans le monde des formes, et la forme deviendra capable alors d'exprimer ces pouvoirs de la vie en évolution :
— la Connaissance, manifestée à travers la forme, a comme pouvoir l'intelligence ; de même, la Béatitude a l'amour, et l'Être a l'existence. On peut exprimer ceci différemment et dire que les aspects fondamentaux se manifestent en tant que pouvoirs de l'intelligence, de l'amour et de l'existence ; autrement dit encore, — la nature de l'intelligence est Connaissance, la nature de l'amour est Béatitude, la nature de l'existence est l'Être. — L'intelligence, l'amour et l'existence de nos mondes sont manifestations de la Connaissance, de la Béatitude et de l'Être, du Soi. Chacun de ces termes représente un aspect extérieur du Soi, comme son corrélatif représente l'aspect intérieur, et ces natures caractéristiques cherchent dans la forme leur expression. La vie d'*Ishvara* et celle du Soi cherchent pareillement

leur expression dans le Kosmos et dans l'individualité. Dans le Kosmos, elles constituent les plans de l'univers manifesté, les cinq plans sur lesquels se déroule notre évolution : ce qui se manifeste en tant qu'existence, le pouvoir de l'Être, a pour forme l'*Akâsha* du règne le plus élevé ; ce qui se manifeste en tant qu'amour, le pouvoir de la Béatitude, a pour forme matérielle *Vâyu* ; ce qui se manifeste en tant qu'intelligence, le pouvoir de la Connaissance, a pour forme *Agni*. Ces trois *Tattvas* sont les trois manifestations fondamentales dans la forme ; les deux autres sont de simples reflets. Ce qui est l'amour se reflète dans une forme inférieure de matière, — la matière plus dense de Varuna, — il prend alors, l'aspect de la passion et devient kâma. Ce qui est l'existence se reflète dans la forme plus dense encore de *Prithivî* et manifeste ce que nous appelons la réalité objective. Observez avec quelle symétrie ces plans se correspondent les uns aux autres.

Imaginez une montagne, reflétée par un lac. Si vous gardez cette image bien présente à l'esprit, vous saisirez exactement comment se produit la réflexion dont nous venons de parler. Il n'y a point de réflexion de l'intelligence, parce qu'elle est la qualité centrale ; l'intelligence est en effet au centre des cinq qualités énumérées plus haut, dont deux se trouvent au-dessus et deux au-dessous. Si nous regardons en haut, vers les régions supérieures, nous voyons l'amour et l'existence se manifester comme pouvoirs de Béatitude et de l'Être : c'est pour ainsi dire la montagne. Jetez les yeux maintenant sur le reflet dans le lac ; le milieu de la montagne a son image au milieu même du reflet dans le lac, la rive est la ligne qui sépare l'objet de son image et représente l'intelligence ; plus bas, au milieu de l'image, nous trouvons la réflexion de l'amour qui se manifeste en tant qu'émotion et désir ; dans les dernières profondeurs du lac, nous verrons engin le reflet du pic le plus haut, l'existence d'en haut, le pouvoir de l'Être réel qui se reflète en bas sur le plan de la matière physique, et produit cette existence illusoire que l'homme appelle réelle. Retenez cette image, car le principe de la réflexion en bas, de ce qui est en haut est une des clés de la compréhension à la fois de ce qui est en haut et de ce qui est en bas. Il vous aidera à comprendre pourquoi l'amour émotionnel se transpose en dévotion et comment, dans cette transmutation de l'émotion en cette forme plus haute de l'amour qu'est la dévotion, il passe du plan kâmique au plan bouddhique caractérisé par la Béatitude. Il vous expliquera de même pourquoi l'action, qui est l'illusion par excellence, prend pour nous le sens de la réalité ; elle nous donne ce sentiment de réalité particulièrement définie, parce qu'elle est la réflexion du réel, de l'existence même dont elle est la forme inférieure !

IV. — ÉVOLUTION DE LA FORME

Tels sont les principes : essayons maintenant d'en suivre l'application dans notre étude de l'évolution de la forme. Si vous vous attachez fermement aux principes, l'étude du détail, des formes, vous semblera moins confuse, moins complexe, moins difficile ; vous ne vous égarerez plus au milieu des arbres, quand vous aurez une fois jeté un coup d'œil, de haut, sur la forêt dans son ensemble. J'ai entendu jadis le professeur Huxley employer cette comparaison pour donner une image des principes et des détails, et c'est en vérité une image suggestive.

Nous commençons donc l'étude détaillée de l'évolution de la forme. Cette évolution est comparable à un grand cercle, dont le tracé, commencé de haut en bas, s'achève de bas en haut ; il y a une grande différence entre l'arc descendant, moitié du cercle total, et l'arc ascendant, son autre moitié. Dans le premier, l'arc descendant, *Ishvara* confère qualités et attributs ; dans le second, l'arc ascendant, il façonne qualités et attributs en véhicules : telle est la grande différence entre l'arc ascendant et l'arc descendant. Dans l'arc descendant, la matière s'approprie des qualités ; dans l'arc ascendant, la matière est façonnée en véhicules, en enveloppes ou corps, selon le terme que vous préférerez. Un processus de différenciation se poursuit jusqu'à un certain point, puis, après un temps déterminé, les matériaux spécialisés sont assemblés, combinés en un véhicule, en une unité organisée prête à servir de tabernacle au Soi.

La différenciation se produit d'abord, et le premier pas en ce sens consiste à conférer des qualités à la matière. Laissez-moi vous rappeler, en raison même de la difficulté du sujet, qu'on appelle *Tattvas* les formes fondamentales de la matière ; laissez-moi vous rappeler, une fois encore, ce passage du *Vishnou Pourâna* où il est établi que le tanmâtra du son produit *Akâsha*, autrement dit qu'une modification de la conscience d'*Ishvara* produit cette forme déterminée de matière que nous appelons l'atome d'*Akâsha* ; cet atome a pour enveloppe une simple pellicule de matière très subtile et renferme comme force interne la vie vibrante d'*Ishvara*. On nous enseigne ensuite que *Akâsha* engendre[37] un autre tanmâtra, qui est le toucher, et qui, tout à la fois enveloppé et pénétré d'*Akâsha*, produit la pellicule de matière plus dense appelée *Vâyu*, les deux tanmâtras et l'*Akâsha* constituant la force génératrice de ce nouvel atome.

Ce processus se répète tout au long des cinq stades, si bien que, quand nous atteignons le plan physique, nous y rencontrons un atome qui présente une paroi de matière plus dense, à l'intérieur la vie involuée et à l'ex-

---

37 Voir première conférence, page 40 et suivantes.

IV. — ÉVOLUTION DE LA FORME

térieur le champ magnétique composé des tanmâtras supérieurs et de leurs enveloppes atoniques : l'atome de *Prithivî* consiste donc en son propre tanmâtra, plus la matière et la vie d'*Apas*, la matière et la vie d'*Agni*, celles de *Vâyu* et celles d'*Akâsha* ; de telle sorte que, sur le plan physique, l'atome physique représente une masse de cinq sphères qui s'interpénètrent, une masse dans laquelle sont présentes, en tant que vie, la matière et la vie tout ensemble des mondes plus élevés, tandis que l'enveloppe ou paroi de l'atome physique manifeste seule les caractéristiques du monde physique.

On ne saurait exprimer toute l'importance de ce fait pour l'évolution : en effet, chacune de ces enveloppes ou *koshas*[38] (l'étudiant védantin les appelle ainsi, et en fait il n'y a pas de meilleur terme) existe à l'état latent dans l'atome physique et autour de lui et, pendant l'évolution ascendante, chacun d'eux devient actif, se fortifie à mesure que l'évolution progresse, toutes les enveloppes étant vitalisées l'une après l'autre. Comment ces koshas pourraient-ils, en nous-mêmes, apprendre à répondre aux vibrations de la vie en évolution, si chacun d'eux n'existe en nous à l'état latent, attendant d'être appelé à l'activité ? La possibilité de ce

---

38 Voir pour les *Koshas* et *Tanmâtras* l'exposé du système védantâ dans le célèbre ouvrage classique de Colebrooke, *Essai sur la philosophie des Indous*, traduit par Pauthier, Paris, Didot, 1833.

fait a son origine dans la constitution même de l'atome, avec toutes ses sphères de vie et de matière qui s'interpénètrent, avec ses enveloppes internes et externes. Ce n'est pas la seule notion acquise; à mesure que cette conception devient plus claire, nous apprenons à comprendre une sentence qui nous a souvent embarrassés jadis : « L'esprit est privé de connaissance sur le plan de la matière. » Qu'est-ce que cela signifie ? L'esprit, l'essence même de la conscience, privé de connaissance et impuissant sur le plan de la matière ? Et pourquoi ? Parce que, si vous entendez ici par « l'esprit » le pur esprit, il est dépourvu des enveloppes intermédiaires qui permettent aux vibrations de la matière d'arriver jusqu'à lui; sans elles, il est effectivement incapable de recevoir les vibrations du monde matériel et d'y répondre; il demeure inconscient de leur existence même, faute d'un *pont* qui permette aux vibrations de passer pour affecter la vie. Ce n'est là en définitive qu'une déclaration extrêmement simple de Mme Blavatsky, et c'est cependant une de celles que j'ai entendu contester à maintes et maintes reprises comme dépourvue de sens. « ... Comment en effet la conscience pourrait-elle être inconsciente dans une région quelconque ? » Un peu plus de compréhension nous eût rendus moins prompts à condamner ceux qui savent plus que nous !

IV. — ÉVOLUTION DE LA FORME 161

Nous aurons recours à cette idée pour nous aider à concevoir comment l'évolution peut avoir lieu. Voyons maintenant comment *Ishvara* confère les qualités sur l'arc descendant dont nous avons parlé ; les qualités conférées dépendront naturellement de la nature des vibrations qu'Il émet et de la matière qui leur répond. Quant à l'exactitude de cette proposition que « des vibrations différentes impliquent des manifestations différentes », je me référerai pour l'appuyer à la haute autorité de sir William Crookes ; il a publié (il y a deux ou trois ans, je ne me rappelle plus à quelle date exactement ; en 1896, je crois ?) une table de vibrations [39], limitée bien entendu au monde physique ; cette table, fort intéressante, donnait une série de vibrations classifiées, désignait celles que la science a pu enregistrer et qui produisent les phénomènes acoustiques, lumineux, électriques, etc., le degré de rapidité vibratoire caractéristique de chacune d'elles, la détermination des milieux plus ou moins subtils propres à les transmettre en produisant une impression, recueillie en nous en tant que sensation et provoquant une réponse ou expression.

---

39   Discours à la Société des Recherches psychiques de Londres, Allocution présidentielle. Une traduction a été publiée dans les *Annales des Sciences psychiques* du docteur Dariex (Alcan, édit.) et aussi dans le *Bulletin de la Société astronomique de France* (mars 1898) sous le titre *Autres mondes, autres êtres.*

Tel est le principe général que j'applique en ce moment à notre système dans son ensemble ; toute matière est capable de transmettre des vibrations dont le degré de rapidité dépend de sa densité propre ; *Ishvara* émet des vibrations, et la matière manasique, par exemple, entre dans un état vibratoire correspondant ; elle forme des ondes dont la fréquence ou le rythme est identique à celui de l'impulsion vitale émanant de Lui, — identique bien entendu dans la mesure où elle est capable de répondre, car cette matière est comprise entre des limites déterminées par sa subtilité d'une part et par sa densité de l'autre. La limite de subtilité est l'atome du plan, sa limite de densité est l'agrégat le plus compact de ces atomes formant le solide le plus dense du plan.

Si nous prenons pour un instant comme exemple le plan physique, nous y trouvons des solides, des liquides, des gaz, un éther, un éther plus subtil, un autre éther enfin plus subtil encore, et des atomes. Les cinq états de matière inférieurs sont en relation avec les cinq sens de l'homme, parce que ceux-ci sont actuellement développés sur le plan physique ; ils correspondent aux organes des sens et aux sens qui agissent par leur moyen ; ainsi que les noms des tanmâtras eux-mêmes le suggèrent, le solide correspond à l'odorat, le liquide au goût, le feu à la vue, l'air au toucher, et l'*Akâsha* à l'ouïe. Cette énumération n'est pas présentée dans l'ordre consacré par la science occidentale, mais je n'ai pas le temps de détailler ici le pourquoi de ces différences, de vous montrer comment l'observation tout extérieure de la science échoue, parce qu'elle est incapable de franchir les limites des sens pour pénétrer dans un champ d'investigation plus subtile. En étudiant notre *Vâyu* et notre *Akâsha*, le savant moderne les confond, son air d'autre part est notre *Agni*, etc.

Ces sens et leur évolution appartiennent à l'arc ascendant ; dans l'arc descendant, *Ishvara* confère seulement à la matière le pouvoir de répondre à ces vibrations particulières, et ces vibrations sont en relations, sur le plan physique, avec les subdivisions que je viens de mentionner, car les états divers de la matière, solides, liquides, gaz, éthers, etc., correspondent, dans les organes sensoriels, aux sens eux-mêmes.

Commençons notre étude, sur le plan mental, par l'Intelligence, et laissons à part les deux plans supérieurs de l'Existence et de l'Amour. Dans l'arc descendant, *Ishvara* émet des vibrations pour inciter la matière du plan mental à répondre, et les vibrations auxquelles cette matière répond (une catégorie déterminée de vibrations comprises entre certaines limites) sont appelées *vibrations mentales* ou *intellectuelles*. Vous demanderez peut-être pourquoi ce nom ? Pour la même raison uniquement qui, dans les tables de Sir William

Crookes, fit distinguer, à l'aide de noms différents, les diverses classes de vibrations qui produisent le son, la lumière, etc., c'est-à-dire eu vue de ranger dans la même catégorie, sous un nom commun, celles comprises entre les mêmes limites de puissance vibratoire ; entre certaines limites, les vibrations affectent l'éther, produisant « la lumière », et impressionnent l'œil ; de même, les vibrations comprises entre certaines autres limites de fréquence affectent la matière du troisième plan, et, quand elles sont recueillies par un organe apte à les faire converger en un centre, opération qui donne naissance à la Soi-Conscience, nous appelons l'organe « le mental », et l'opération exercée à travers cet organe « l'Intelligence ». Le nom en lui-même est arbitraire sans doute, ni plus, ni moins cependant qu'aucun autre nom ; nous définissons ces vibrations *mentales*, exactement comme une certaine catégorie de vibrations éthériques est définie « lumineuse », comme l'organe apte à les concentrer est appelé « œil », et l'action effectuée par l'œil « vision ». À moins de renoncer à la parole, il nous faut bien faire usage de noms pour définir les diverses classes de phénomènes ; c'est ainsi que nous employons le mot « mentales » ou « intellectuelles » pour définir une catégorie de vibrations qui agissent sur une sorte de matière déterminée, matière dont est précisément formé, dans l'évolution ascendante, l'organe que nous appelons le « Mental ».

D'une manière analogue, nous appelons « sensorielles » les vibrations qu'*Ishvara* émet dans la forme de matière suivante par ordre de densité, qu'on appelle *Apas* ou « astrale ». Il leur départit la propriété de répondre au plaisir et à la peine et, tandis qu'Il effectue cette descente rapide, sur chaque plan, Il appelle à une existence nouvelle des Dévas ou Êtres qui ont pour manifestation caractéristique la qualité de leur plan propre ; ainsi les Dévas du plan mental ont pour qualité essentielle l'intelligence ; les Dévas du plan immédiatement inférieur ont pour qualité principale la sensibilité ou pouvoir de sentir ; ceux du plan le plus bas enfin ont comme propriété principale le pouvoir d'agir, l'activité. Chaque classe de Dévas manifeste spécialement les qualités de son plan et, par le fait même que ces Dévas incorporent dans leur Être la matière du plan sur lequel ils vivent, ils aident à son évolution. Ils assimilent en effet cette matière, l'utilisent, et par là la développent, puis ils la restituent au réservoir général, exactement comme l'homme incorpore la matière physique, l'emploie dans son organisme et la restitue au monde physique. Quand ce processus s'est répété sans relâche au cours des âges, un moment arrive où la totalité de ce genre de matière que nous appelons

« mentale », ayant traversé les corps de ces Dévas, a contracté une tendance à répondre aisément aux vibrations de l'intelligence et se trouve désormais prête à être façonnée pour constituer le corps mental d'un homme. La matière du plan astral sert à former les corps des Dévas de ce plan jusqu'à ce qu'elle ait acquis une tendance de mieux en mieux définie à répondre au plaisir et à la peine, quand des impacts l'impressionnent ; elle devient ainsi propre à servir à composer des *corps pourvus de sens* sur le plan inférieur. La descente rapide d'*Ishvara* met de la sorte à l'œuvre, sur chaque plan, des Dévas qui lui correspondent, et prépare ainsi les chaînons intermédiaires qui opèreront la construction des formes.

Le principe central de cette construction est que chaque Déva édifie des formes avec la même matière dont son propre corps est composé. Préparée par cette évolution antérieure, pourvue de propriétés à l'état latent, qui ont été développées au cours de la descente de la vie d'*Ishvara*, dans l'arc ascendant, la matière est agglomérée en formes déterminées, corps de plantes, d'animaux ou d'hommes ; des véhicules déterminés sont ainsi organisés, au moyen desquels la conscience la plus haute peut communiquer avec le monde le plus inférieur et en recevoir les vibrations.

IV. — ÉVOLUTION DE LA FORME

Après avoir embrassé d'un coup d'œil la descente, examinons maintenant l'ascension. Chaque germe de matière est désormais pourvu de certaines qualités, chaque atome physique a une série d'enveloppes qui l'entourent en s'interpénétrant ; l'enveloppe de matière astrale avec sa faculté de répondre à la sensation, l'enveloppe de matière mentale avec sa faculté de répondre aux vibrations intellectuelles, aussi bien que les enveloppes (si on peut les appeler ainsi) de matière correspondant aux deux plans supérieurs, Amour et Existence, — enveloppes qui n'entreront pas en activité avant bien, bien longtemps ; tout est là.

Ishvara entreprend donc le grand stade de maturation dont j'ai parlé, la constitution d'un centre, et son premier ouvrage consiste à façonner cette matière toute préparée en formes physiques, avec le concours de tous les Dévas du plan physique, prêts à agir comme agents sous Son impulsion et sous la direction du chef des Dévas du plan physique ; tous ces innombrables agents intermédiaires sont nécessaires, car les formes sont innombrables et chacune d'elles doit être laborieusement façonnée.

La formation des corps physiques débute par la construction des minéraux ; quand un corps minéral est formé, un cristal par exemple, cristal d'un élément ou d'un sel, une forme déterminée est construite par un Déva du plan physique : il y emploie la substance de son propre corps et de la matière du plan physique de nature similaire à la sienne, puis il commence à modeler ces formes de cristaux. Il les construit sur le modèle de l'énergie vitale, émanée d'*Ishvara* Lui-même, selon ces lignes que la Science appelle « les axes du cristal »; des lignes « imaginaires »; *imaginaires ?* Oui sans doute, mais issues de l'imagination créatrice d'*Ishvara*, infiniment plus puissante que la matière qu'Il façonne ! Cette matière inférieure obéit à l'imagination créatrice du Seigneur, et ces lignes imaginaires régissent le modelage du cristal que le Déva construit. Tyndall ne croyait pas à l'opération des Dévas et cependant, dans une conférence qu'il fit sur les cristaux devant un auditoire populaire à Manchester, il déclara que, quand il cherchait à se représenter la construction d'un cristal, il se surprenait à imaginer de menus architectes à l'ouvrage, ajustant des atomes avec une précision rigoureuse, déployant toute l'intelligence et tout le savoir-faire dont un architecte humain peut faire preuve pour construire un édifice. Tyndall disait plus juste qu'il ne pensait. Son imagination rendait à la vérité un témoignage plus clairvoyant qu'il ne s'en rendait compte ; c'est en effet le privilège de l'homme de génie passionnément attaché à la vérité (comme Tyndall qui était prêt à rompre toutes les attaches des

IV. — ÉVOLUTION DE LA FORME

dogmes plutôt que de trahir sa conception de la vérité), d'avoir des aperçus intuitifs inconscients sur la vérité qu'il cherche, de sorte que ses paroles renferment une signification plus profonde que lui-même n'imagine ! Tyndall était sage quand il recommandait ce qu'il appelait « l'essor scientifique de l'imagination », car cette faculté de « l'imagination » est extrêmement utile ; ne coupez jamais les ailes de votre imagination, quand vous êtes plongés dans votre ouvrage scientifique, car il pourra souvent arriver qu'elle vous fasse entrevoir des vérités que vous n'eussiez jamais découvertes sans son aide !

Nous venons de voir comment les Dévas agissent pour construire les cristaux. Ces cristaux possèdent certaines qualités remarquables ! Le professeur Japp nous apprend que certains d'entre eux dévient d'une façon particulière un rayon de lumière polarisé [40] [41]; il ajoute qu'il existe, en certaines de ces formes cristallines, un pouvoir directeur parent à quelque degré de l'intelligence dans l'homme ; il est bien parent en effet

---

40   Polarisation rotatoire liée à l'hémiédrie cristalline, c'est-à-dire à la suppression de certaines facettes causant ainsi une dissymétrie moléculaire. Voir les travaux de Pasteur sur les acides tartrique et racémique dans les traités de Physique.
41   Voir également *Revue Théosophique française*, juin 1901, l'article intitulé : « Phénomènes de vie dans les cristaux. — Une visite au professeur von Schoen ».

de l'intelligence humaine, puisque celle-ci en est, en quelque sorte, le descendant et développe sous nos yeux les pouvoirs hérités de ce parent lointain ! La construction se poursuit dans le règne minéral tout entier à travers de longues périodes, auxquelles nous ne pouvons nous attarder ; elle donne graduellement à la matière le pouvoir de changer de forme, dans des limites de plus en plus étendues, sans perdre sa cohésion ; c'est là ce qu'on appelle *plasticité* ou pouvoir de changer de forme sans désintégration. La matière acquiert aussi ce que la Science appelle *élasticité*[42].

À mesure que la vie se développe, l'équilibre des éléments dont se compose la forme devient de plus en plus instable, tandis qu'en même temps[43] la cohésion de cette forme en général augmente. Quand nous passons aux formes les plus hautes, au corps humain par exemple, nous y rencontrons, à un degré plus élevé que dans aucune autre forme, le pouvoir de maintenir la

---

42 Qu'est-ce que l'élasticité ? Ce n'est pas seulement la propriété des corps susceptibles d'allongement, comme pensent les gens qui appellent une chose élastique quand elle peut se distendre à la façon du caoutchouc. Un corps élastique au sens courant du mot peut n'être pas un corps élastique au point de vue scientifique ; c'est ainsi que le verre, si étrange que cela puisse paraître, est beaucoup plus élastique que le caoutchouc, et cependant le verre ne se distend pas, le verre est cassant ! L'élasticité, suivant sa définition exacte, est la propriété de recouvrer la forme originale après déformation, et c'est cette propriété que la matière acquiert graduellement. *(Note de l'auteur.)*

43 Voir l'*Anatomie expérimentale* de Gaston Bonnier.

position centrale, joint à plus de plasticité et d'élasticité à la fois ; c'est pourquoi l'homme peut s'acclimater au froid des régions polaires, à la chaleur des tropiques et de l'Équateur, sans qu'ils détruisent son corps, comme aucun animal inférieur ne pourrait le faire ; c'est dire qu'il a le pouvoir d'accommoder son corps physique aux conditions extérieures à un bien plus haut degré qu'aucune autre forme.

Revenons au règne minéral, que nous avions abandonné un moment, et voyons le stade suivant de son évolution ; *Ishvara* peut maintenant distendre et modifier ses matériaux un peu plus qu'il n'était précédemment possible de faire, sans les réduire en pièces. Il commence alors à façonner les formes du règne végétal et, là encore, il dispose des axes directeurs pour leur croissance, des axes aussi « imaginaires », aussi réels eu vérité par leur puissance directrice que dans le cristal ; ils n'y sont pas toujours aussi faciles à discerner, mais ils n'en sont pas moins là. Toute la matière végétale est rapportée et assemblée suivant ces axes, et la classification naturelle des plantes est largement déterminée par les relations numériques existant entre les diverses parties. Ainsi la loi des nombres détermine la forme.

À mesure que la matière devient plus plastique et prête plus aisément à la vie qu'elle enclot, on voit éclore l'aurore de la sensation dans les représentants supérieurs de ce règne. Ce phénomène est dû à la vivification, qui commence à se produire dans l'enveloppe immédiatement supérieure à l'enveloppe physique, composée de matière dite « astrale », de cette matière qui tend à faire partie du « manomaya kosha » des Védântins ; nous y remarquons une sensibilité, une faculté sensorielle, bien minime dans le monde végétal, mais présente cependant et beaucoup plus développée déjà, quand le végétal possède une expérience prolongée de la vie séparée. Prenons pour exemple un arbre centenaire et voyons à quel degré nous trouverons en lui la sensation naissante, ou même des rudiments de qualités mentales, bien que j'ose à peine risquer le mot. Dans cet arbre, la vie répond aux vibrations reçues de l'extérieur, causées par le froid et la chaleur, par le vent et la pluie, par le soleil et la tempête, et, quand son enveloppe physique est édifiée, complètement développée par les Dévas qui s'y emploient, la matière éthérique de cet arbre est constamment mise en vibration par les changements de température, de clarté, de conditions électriques, etc. Les vibrations des éthers qui pénètrent le corps physique sont transmises au sous-plan atomique, et comme les atomes du plan physique ont leurs spires faites avec la matière la plus dense du plan d'*Apas* ou matière astrale, un léger tressaillement est imprimé à la matière la plus dense du plan astral, d'où

IV. — ÉVOLUTION DE LA FORME

il résulte un faible mouvement de l'arbre, auquel la vie intérieure répond par une *sensation*, sensation diffuse, massive en quelque sorte, de plaisir et de peine.

Quand vous traversiez une forêt, n'avez-vous jamais senti comme si la nature jouissait du rayonnement du soleil ? Cette sensation de plaisir se manifeste d'une façon beaucoup plus frappante encore quand la saison chaude touche à sa fin, quand les premières pluies rafraîchissent le sol altéré, quand la végétation presque desséchée propage un frémissement conscient de joie, de vie renouvelée. Les arbres eux-mêmes et les buissons se réjouissent quand vient la pluie, messagère de vie et d'espérance ! À ce moment, nous reconnaissons que le monde végétal est doué de sensibilité, bien que ses sensations soient obtuses et diffuses, ou comme on dit, « d'un caractère massif ».

Vous m'excuserez Si j'ouvre ici une parenthèse, pour vous signaler dans ce fait une des raisons qui nous créent vis-à-vis du monde végétal le devoir de ne pas infliger inutilement à sa sensibilité naissante la sensation de souffrance ; nous vivons trop insouciants, mes Frères, dans un monde où tout vit, où n'existe pas un atome qui soit mort, et cette constatation est tout particulièrement triste dans ce pays où exista jadis un si profond respect pour la vie. Ce respect, hélas ! est en voie de disparaître ; vous oubliez aisément que toute vie est manifestation d'*Ishvara*, que la faculté de répondre que possède la forme dépend du stade qu'Il a atteint dans les degrés inférieurs de la Soi-Évolution. Aux temps anciens, quand un homme prenait des aliments, je me souviens avec quelles actions de grâce il s'approchait de cette nourriture, parce qu'elle sacrifiait sa vie pour alimenter la sienne. Quoique les végétaux dont il se nourrissait ne possédassent pas les facultés sensorielles délicates que nous rencontrons dans l'animal, bien qu'ils fussent limités aux sensations minimes du monde végétal, malgré tout, l'Indou s'en approchait avec respect, il les recevait avec amour et gratitude, comme un sacrifice fait en sa faveur : cette vie inférieure se donnait à lui pour contribuer à son développement ! Aujourd'hui, cette douce gratitude est si bien perdue pour beaucoup d'Indous qu'ils font peu de cas du sacrifice de la vie, non pas seulement dans le règne végétal, mais même des formes infiniment plus sensibles qu'*Ishvara* a développées dans le règne animal de son monde ! Il se trouve des hommes, conformés extérieurement comme des Indous, ayant leur couleur, leur forme, leur visage, qui se glorifient de descendre de l'antiquité, qui dans leur esprit s'estiment supérieurs aux races occidentales et ces hommes oublient la vie du Soi omniprésent dans la création sensible, ils nourrissent leur corps avec les corps de leurs humbles frè-

IV. — ÉVOLUTION DE LA FORME

res, sans avoir aucune conscience du sacrifice accompli, sans éprouver même une gratitude passagère envers la vie qui s'est donnée pour eux!

Revenons à l'exposé de l'évolution des formes. *Ishvara*, couvant en quelque sorte les formes en évolution, continue son patient ouvrage — patient, en sorte que nulle forme ne soit jamais brisée par une tension excessive, qu'elles soient au contraire lentement développées et deviennent le véhicule de la vie qui les anime. Il vit dans toute forme et guide son évolution mais, avec une patience illimitée, Il limite les manifestations de Sa vie aux pauvres capacités de la forme, afin qu'elle croisse au lieu d'être brisée. Vous rappelez-vous une vieille histoire d'antan à laquelle nombre d'entre vous auraient honte de donner créance ? N'êtes-vous pas gradués, en effet, et, quoique descendants des races antiques, pourvus des diplômes de la Science occidentale ? Comme tels, vous n'avez que faire de pareilles légendes !... Et moi cependant dont l'Occident forma la pensée, je n'éprouve nulle honte à confesser ma croyance en ces choses étranges qui nous sont transmises des temps où la vérité était moins voilée qu'à présent.

J'ose donc vous remémorer cette histoire, bien que vous puissiez penser que c'est une simple fable, une légende. Il y avait un jeune garçon nommé Prahlâda, qui croyait en Vishnou ou Hari, mais son père n'y croyait point : ce jeune garçon eut maintes épreuves à traverser, mais sa foi en l'Être Suprême le protégea toujours ; un jour, son père lui dit par moquerie, en se tournant vers un pilier de sa demeure : « Tu me dis que Hari est partout ? Est-il aussi dans ce pilier ? » « Hari, ô Hari ! Invoqua l'enfant », et aussitôt un Avatâra de Vishnou, sous la forme d'un lion, s'élance hors de la colonne, qui au moment même se brisa en pièces. Il est bien vraiment partout, dans chaque molécule de matière ; il n'y a pas une parcelle d'où Il ne puisse sortir avec toute la puissance et toute la majesté de Sa Divinité ! Mais Il ne veut pas le faire, parce que la forme ne peut supporter une telle manifestation et serait mise en pièces par l'apparition du Dieu : vérité profonde, même pour qui n'accepte cette histoire que comme une allégorie, un symbole qui nous enseigne la signification vraie de l'évolution.

Ishvara poursuit ainsi Son œuvre, d'âge en âge, Éon après Éon, avec cette merveilleuse patience dont je vous parlais, jusqu'à ce que la matière soit devenue suffisamment plastique pour servir à façonner la forme en qui Sa vie la plus haute doit commencer son développement, la forme humaine. Pour édifier cette forme, Il commence par fortifier beaucoup le centre qu'elle est appelée à protéger pour quelque temps. Laissez-moi vous dire en passant une chose que j'ai omise : quand une forme a atteint le plus haut point de développement qui lui soit possible, son maximum d'expansion, Il la brise, afin que la vie qui la vivifie puisse continuer à croître dans une forme nouvelle, mieux appropriée à ses besoins. Il sait quand il importe de briser ou de préserver ; Il sait quand il convient de détruire ou de protéger ; aussi, dès qu'une forme a atteint sa limite de développement et que sa matière est incapable de prêter davantage, Il la met en pièces, de manière que ses éléments se recombinent sous l'impulsion vitale pour composer un organisme plus plastique et que la vie, animant une forme plus haute, mieux apte à exprimer ses pouvoirs accrus, puisse atteindre ainsi un plus haut degré d'évolution.

Nous appelons « mort » cette désagrégation de la forme, nous n'y pouvons songer sans un recul de terreur ; son nom seul, prononcé devant nous, dans l'agitation et l'ardeur de notre vie, jette une note pénible et nous donne un choc ; et cependant, comme je vous le disais au début, vous pouvez voir clairement que la mort est l'œuvre bienfaisante d'*Ishvara*, qui brise une forme devenue prison, afin de donner à la vie une forme nouvelle dans laquelle elle puisse continuer à croître Il brise la forme devenue rigide, quand elle ne peut plus se développer davantage, et donne à la vie la forme plastique d'un petit enfant, plus malléable pour la force vitale interne qui la façonne, se prêtant aux moindres impulsions venues du dedans. Il semble donc que, si nous savions voir les choses sous leur vrai aspect, nous devrions saluer la mort comme une renaissance, plutôt que d'y voir une destruction, car, envisagée au point de vue de la vie, chaque mort représente la naissance d'un être aux possibilités plus hautes d'une forme nouvelle, qui s'adaptera d'elle-même à la vie en voie de développement.

Lorsque l'homme entreprend son long pèlerinage, une forme est toute prête pour qu'il la vivifie, toute préparée à recevoir les impacts des plans physique, astral et, dans une faible mesure, mental et à leur répondre ; les atomes physiques de ce corps ont un degré d'évolution considérable, l'enveloppe sensorielle fonctionne activement [44], et l'enveloppe mentale inférieure existe déjà, quoique à l'état très imparfait. Tous ces corps ont été édifiés antérieurement, au cours de l'évolution du règne animal. Prenez garde ici de tomber dans l'erreur, commune en Occident, qui consiste à dire que l'homme descend de l'animal ; cela est inexact, ce n'est qu'un fragment de la vérité incomplètement aperçue et par

---

44   Voir IZOULET, *la Cité moderne*, p. 86 : « Genèse des facultés sensorielles chez l'animal physique. »

suite faussée [45]. La vérité, la voici : la matière des véhicules humains inférieurs a été préparée par l'évolution à travers les stades des règnes élémental, minéral, végétal et animal pour pouvoir être édifiée en forme humaine Au *cours des kalpas antérieurs*, des formes ont en effet été évoluées qu'on peut approximativement dépeindre comme semi-simiesques et semi-humaines, mais elles n'ont jamais été habitées par le Triple-Soi et appartenaient par conséquent au règne animal, non pas au règne humain ; au début du présent cycle, la forme humaine a évolué comme évolue un foetus, traversant rapidement les stades inférieurs, pour atteindre le stade humain, comme cela a lieu pendant la vie prénatale, et elle porte par conséquent l'empreinte des stades qu'elle a traversés. J'ai tenu à vous esquisser à grands traits les stades franchis dans le passé par la matière dont les corps humains se composent ; cela suffira à vous faire voir que la véritable théorie de l'évolution est toute différente de l'opinion mal informée d'après laquelle une succession régulière et ininterrompue d'incarnations conduirait de l'animal à l'homme. La matière a été rendue plastique dans l'animal, mais l'homme total dans sa forme est le produit d'une opération plus élevée ; le germe de sa vie ne peut se développer que

---

45   Voir *la Doctrine secrète*, de Mme H.-P. BLAVATSKY, Vol. I, sect. VII, p. 212 (Lib. de l'Art Indépendant, Paris).

dans un homme et jamais dans l'animal, parce qu'il a été involué davantage en lui, et les germes involués doivent se développer suivant une ligne qui est la ligne directe de la croissance humaine. Rappelons-nous ce point, pour éviter une conception erronée, et retournons au centre humain que nous avons vu définitivement formé.

Nous qualifions la forme qui l'environne « corps causal », ou « Karana Sharîra », la forme qui limite le Soi. Le Karana Sharîra n'est pas le Soi, souvenons-nous-en bien, c'est le véhicule qui contient le Triple-Soi et l'organe d'un aspect particulier de ce Soi, l'aspect de la conscience manifestée en tant qu'Intelligence. Cette enveloppe est importante, en raison de sa nature relativement permanente ; elle persiste en effet d'incarnation en incarnation, la mort ne l'atteint pas, la naissance ne la modifie point. C'est le réceptacle où s'amasse le trésor des qualités acquises par l'expérience au cours de l'évolution humaine, et, comme tel, il se transmet à travers le cycle tout entier des réincarnations ; c'est là véritablement la *caractéristique humaine* propre. La forme commence à s'adapter de plus en plus étroitement à la vie, et c'est là apparaît une difficulté grandissante : la caractéristique de la vie humaine est la vie de l'intellect, c'est la partie proprement « humaine » de l'évolution, mais la vie de sensation est beaucoup plus intense, plus tumultueuse au commencement, et la forme, dans les stades primitifs, est spécialement apte à répondre à ces impulsions-là.

Vous vous demandez peut-être pourquoi l'homme n'a pas reçu, dès l'origine, un corps mental uniquement pour accomplir son évolution ? Pourquoi il faut qu'il peine pendant toute la durée de l'évolution du corps sensoriel ? La réponse est aisée : si l'homme omet un seul stade, il lui sera impossible de constituer tous les chaînons indispensables pour parvenir à la continuité de sa conscience intégrale. L'homme parfait, terme de l'évolution, est conscient sur tous les plans, du Nirvâna au plan physique et du plan physique au Nirvâna ; le Jîvanmukta, parvenu à la continuité de conscience ininterrompue, vit et agit sur tous les plans : il ne lui manque aucun chaînon. Ainsi donc, pendant qu'il édifie son corps de sensation, si l'homme n'établit certains centres ou *Chakras*[46] et (cette concentration étant l'œuvre de l'arc ascendant, comme l'acquisition des qualités est l'œuvre de l'arc descendant) s'il ne concentre pas ses facultés sensorielles en des centres déterminés, dans l'enveloppe de son corps astral, il demeurera dépourvu des chaînons indispensables pour recevoir les impacts du plan astral et, inversement, pour lui trans-

---

[46] Voir *la Sagesse antique*, vol. I, p. 111, de Mme Besant, ainsi que *les Chakras* de C. W. Leadbeater.

mettre les tressaillements de sa conscience, au moyen desquels il peut agir sur lui, le dominer et le gouverner. Voilà pourquoi se prolonge si longuement la condition sauvage où la vie des sens joue le premier rôle. Pendant cette période, les chakras astraux sont édifiés comme centres de sens, ils sont construits fermes et forts ; les organes extérieurs, œil, oreille, langue, épiderme, etc., sont seulement les organes, nécessaires au corps physique pour l'expression de la conscience au travers de ces chakras.

Si nous embrassons d'un coup d'œil l'évolution des formes, nous constatons que la construction des organes est postérieure à l'exercice des fonctions vitales. Il n'y a pas d'organes dans les formes primitives, et cependant nous y voyons les fonctions vitales présentes et actives ; de telles créatures respirent et assimilent, leur circulation suit son cours, et cependant elles n'ont pas d'organes pour la digestion, point d'organes pour la respiration, point d'organes pour la circulation ; le corps entier fait tout indistinctement, mais l'évolution se poursuit, des organes déterminés se forment, dans le corps physique et dans le système nerveux. Plus tard des chakras ou centres astraux de sensation se forment à leur tour dans le corps astral et, à mesure que tout ceci se développe, nous nous trouvons en présence d'un être pourvu d'organes, dont la spécialisation est de mieux en mieux définie. En règle générale, la fonction précède toujours l'organe, l'organe est simplement un moyen pour la fonction de s'exprimer plus et mieux : c'est là un principe fondamental, et avec ce principe, ne l'oubliez pas, vous vous tenez sur ce qu'on regarde comme le terrain le plus assuré de la Science occidentale. Vous ne voyez jamais un organe apparaître, avant le développement de sa fonction ; vous constatez toujours l'impulsion vitale d'abord, puis le moulage de la matière suivant une forme qui donne à cette impulsion, le moyen de s'exprimer plus complètement. Si nous suivons la marche ascendante de l'évolution à partir de l'amibe [47], nous voyons la différentiation et la spécialisation s'accentuer d'une façon constante... et cependant la Science prétend esquiver la conclusion logique de ces principes. Au moyen de ce cerveau même qui fut façonné par les vibrations de l'intelligence, l'homme intervertit le processus entier et déclare la pensée un produit du cerveau ; en réalité, tout organe est formé pour exercer une fonction, il est produit par la vie et n'en est pas le créateur.

Le processus se poursuit jusqu'à ce que les organes nécessaires soient construits et le système nerveux relié aux chakras du corps astral, principalement par

---

[47] Voir Izoulet, *la Cité Moderne*, p. 18, « Ce que c'est qu'une amibe. »

l'intermédiaire du système sympathique. Il y a, dans ce système, certaines cellules nerveuses d'une espèce toute particulière dont la Science vous donne la forme et le contenu, sans guère aller au-delà ; ce sont précisément les chaînons qui transmettent la conscience du corps physique au corps sensoriel ; ensuite viennent les chakras déjà indiqués comme centre d'activité de la conscience dans le corps astral. Un processus analogue s'accomplit dans le corps mental, sous l'action des impulsions intellectuelles, et nous nous trouvons ici encore en présence d'un corps organisé, apte à répondre à divers genres de pensée, et par suite à servir d'organe à la conscience pour s'exprimer dans le monde mental. Au fur et à mesure de notre croissance mentale, nous édifions nos organes de conscience.

Si nous passons à la partie pratique de la construction de la forme, nous apprenons que l'homme peut approprier son corps sensoriel à une fin plus haute, en réprimant l'impulsion vitale toutes les fois qu'elle s'élance à la poursuite des objets des sens. « Ces objets se détournent peu à peu de l'Habitant du Corps, quand il persévère dans l'abstinence [48]…! » est-il écrit, et, à mesure que le monde inférieur cesse d'attirer, le

---

48   *Bhagavad Gîtâ*, II, 59.

monde supérieur commence à employer la forme en vue d'objets plus hauts.

Si nous désirons accroître notre puissance mentale, nous devons nous exercer à penser avec fermeté et réprimer le vagabondage de l'intellect dans le monde des phénomènes. À vrai dire, nombre de gens ne pensent jamais. Ce qu'ils appellent « leurs pensées » n'est autre chose que la réflexion des pensées d'autrui, auxquelles leur conscience répond ; leur intellect est un miroir et non plus un organisme créateur. Oui, l'intellect de bien des gens est, je le crains, un simple miroir qui reflète les objets situés devant lui ; combien d'hommes se disent en contemplant ces reflets : « Voyez ! Comme je pense ! » alors qu'ils se bornent à reproduire les pensées des autres ! Eh bien ! Nous ne voulons pas être de simples miroirs ; quand les objets du monde extérieur donnent naissance à des images, c'est l'ouvrage de l'intellect de les travailler, de les analyser, de les réarranger et de les combiner, la pensée est l'opération de l'intellect sur les images mentales fournies par le moyen de la sensation, son opération sur des matériaux qui ont été graduellement accumulés par l'expérience. Un tas de briques n'est pas un édifice ; les pensées d'autrui reflétées ne sont pas davantage la pensée ; ce sont des matériaux pour penser, rien de plus. La pensée est l'œuvre de l'architecte qui assemble les briques et les ordonne dans la forme d'un édifice déterminé ; nous n'avons nul droit de prétendre au titre de *penseurs*, tant que nous n'avons pas réellement construit des pensées dans notre intellect.

Pratiquez cette pensée indépendante, c'est une tâche difficile ! Vous ne saurez même pas combien, avant d'avoir essayé ! Ne laissez jamais passer un seul jour sans lire quelque chose qui vous fournisse des matériaux de pensée : peu importe si ce n'est pas un livre religieux ; si c'est un ouvrage intellectuel, il fortifiera votre intellect ! Quand même vous laisseriez de côté les lectures spirituelles, avec les hautes possibilités qu'elles renferment, prenez un beau livre, digne d'être pensé, non pas un journal, ni une nouvelle à sensation, ni un livre enfantin, mais un livre, un livre original et substantiel, ce que Charles Lamb appelait *un livre* enfin. Lisez, mais pas trop, pas plus de quinze ou vingt lignes peut-être ; que votre pensée revienne et revienne encore sur ces quelques lignes, qu'elle s'appesantisse sur elles, trois fois autant de temps qu'il vous en a fallu pour les lire lentement. Recommencez chaque jour sans en passer un seul. Vous trouvez le temps de dîner…? Si vous avez le loisir d'alimenter votre corps et de causer, pourquoi ne trouveriez-vous pas le temps d'alimenter votre intelligence ? Si vous observez ces règles, votre intellect croîtra rapidement. Si vous ne voulez pas adopter cette règle définitivement, de confiance, faites-en l'expérience pendant trois mois par exemple, sans jamais manquer un jour (si vous manquez un jour, vous reculerez, vous perdrez le bénéfice de l'automatisme mental). Faites-en l'expérience pendant trois mois, comme un savant fait une expérience quelconque ; entraînez pendant trois mois vos facultés d'attention soutenue et de réflexion et, à la fin de ce laps, vous serez tout surpris en constatant leur développement.

Quand vous vous serez soumis à cette expérience, vous n'aurez plus besoin de conférencier pour vous décrire les avantages de ce contrôle de la pensée, car vous vous serez prouvé à vous-mêmes son utilité. Prenez une faculté après l'autre pour l'exercer, le raisonnement, puis la mémoire, la faculté de comparer, d'établir des contrastes ; prenez une faculté comme d'autres prennent un sujet d'étude et travaillez-la jusqu'à ce que vous soyez un artiste dans cette faculté particulière.

C'est ainsi que la forme se façonne, quand le Soi humain commence à collaborer à l'œuvre d'*Ishvara*, quand le centre commence à exercer un contrôle sur ses véhicules ; il rationalise leur opération, il les édifie, il les transforme progressivement. Après nombre de vies consacrées à cet ouvrage, l'heure vient enfin de mener la vie de Yoga ; l'homme peut alors apprendre le moyen de faire des progrès plus rapides, de vivifier les enveloppes internes plus subtiles de son être, au moyen de certaines pratiques qui lui seront enseignées aussitôt qu'il sera prêt, mais qui ne lui seront jamais communiquées avant qu'il soit *vraiment prêt*, quand même il parcourrait le monde entier à la recherche d'un Gourou et mènerait la vie d'un ascète, dans une caverne ou dans la jungle ! Ces pratiques ne suffisent pas, tant que ses désirs restent indomptés et son intelligence frivole. Quand les sens seront dominés et l'intellect contrôlé, — alors et pas avant, mais aussi certainement alors que l'insuccès était auparavant assuré, — un Gourou apparaîtra : il prendra l'homme par la main et le conduira sur *le sentier étroit comme le fil d'un rasoir*, sur le Sentier accessible aux seuls hommes dont les sens sont soumis et dont l'âme est ferme, car la chute d'un côté comme de l'autre implique un long retard durant bien des vies à venir.

Alors se développe cet aspect de la Béatitude, qui se manifeste extérieurement en tant qu'amour ; on perçoit un faible reflet de cette béatitude à plusieurs stades de la méditation. La joie naît en vous, elle jaillit, elle vous enveloppe de plus en plus étroitement, jusqu'au moment où la transe du Yogi vous conduit au véritable Ananda, l'essence de la Beauté dont l'ineffable délice vous fait palpiter sous ses vibrations subtiles. Et à un stade que vous pourrez atteindre quand une longue évolution aura tout purifié, plus tard, beaucoup plus tard, viendra l'ascension suprême, le moment où la matière la plus subtile deviendra le véhicule du centre parfaitement développé, — non plus une limitation nécessaire, mais un véhicule obéissant, prêt à servir en cas de besoin, se dissipant dès qu'il cessera d'être utile. Selon la sentence des Écritures, « la possibilité de toutes formes réside dans l'*Akâsha* » : la vie qui a atteint l'Existence en Soi est devenue un Être capable de s'envelopper d'une forme quelconque, en amassant l'*Akâsha* autour de Lui ; Il peut ainsi construire un véhicule après l'autre, jusqu'à ce qu'Il ait construit pour Son usage la série entière des véhicules humains, mais aucun d'eux n'est plus une prison pour Lui, nul ne Le conditionne. Nous disons alors qu'un homme est un Jîvanmukta. Il est libre, toute matière Lui est soumise, Il l'emploie s'Il en a besoin, Il la rejette s'Il n'en a que faire ; toutes les régions du monde sont à Lui pour qu'Il en dispose, nulle n'est sienne en ce sens qu'elle puisse Le conditionner. Il est libéré et, en tant que Soi affranchi, Il peut, s'il Lui plaît, continuer à aider les hommes, Ses frères, et demeurer, comme Shrî Shankarâchârya nous l'a enseigné, jusqu'à la fin de Son âge, pour hâter l'ascension de l'Humanité.

C'est ainsi que se forment les auxiliaires d'*Ishvara* pour aider l'humanité, Ceux qui, après avoir traversé toutes les souffrances, jettent tout ce qu'ils ont acquis aux pieds du Seigneur, Ceux qui retournent au monde, non plus pour être conditionnés par lui mais pour mieux accomplir la Loi de Compassion qui est la Vie même d'*Ishvara*. Aussi longtemps qu'*Ishvara* voudra demeurer manifesté, Celui dont la volonté est devenue une avec celle d'*Ishvara* restera, Lui aussi, manifesté. Il n'a rien à gagner, rien à apprendre, rien à recevoir dans l'immensité des mondes. Il se tient à côté de Son Maître, comme un organe approprié à l'expression de cette Vie plus haute, n'existant plus pour rien, ni pour Lui-même, mais comme un canal de la vie de Dieu. Telle est la récompense à laquelle nous sommes appelés, tel est le but auquel nos cœurs aspirent!

TABLE DES MATIÈRES

Introduction. 5
Avant-propos à la première conférence 7

1ʳᵉ Conférence : Science antique et Science moderne .9
2ᵉ Conférence : Les Fonctions des Dieux. 59
3ᵉ Conférence : Évolution de la Vie 107
4ᵉ Conférence : Évolution de la Forme. 147

Mme Annie Besant
(1er octobre 1847 - 20 septembre 1933)

Née à Londres, Mme Annie Besant fut une conférencière, féministe, libre-penseuse, socialiste et théosophe britannique qui prit part à la lutte ouvrière et lutta également pour l'indépendance de l'Inde. Elle fit de nombreuses lectures philosophiques qui développèrent ses questionnements métaphysiques et spirituels. Elle partit s'installer en Inde en 1893 où était basée la Société théosophique. Elle en prit la direction en 1907 et l'assuma jusqu'à sa mort en 1933.

www.ingramcontent.com/pod-product-compliance
Lightning Source LLC
Chambersburg PA
CBHW060527100426
42743CB00009B/1453